マクロビオティック
おいしく元気になるお買いもの

きょうからはじめられる
厳選食材と道具ガイド＆レシピ

ORGANIC BASE
奥津典子

はじめに

この本を手に取ってくださって、ありがとうございます。

筆者は、ORGANIC BASEというマクロビオティック教室の主任講師をしています。本書は、毎日の料理に使う食材や道具、そして調理例として簡単なレシピをご紹介しています。マクロビオティック（P.10）に則っていますので、どうかお気軽に毎日のお買いものに活用してください。

ご紹介した食材は、どれもとてもおいしいものたちです。それだけではありません。食材を変え、知らず知らずのうちにマクロビオティックに則った食生活をしていくことで、いろいろなうれしい変化を体験できます。

教室を開校して10年近くになりました。2012年11月現在コース卒業生（通信講座生含む）だけでも3000人を超え、単発受講生を入れれば1万人以上の方に、全国、ときに海外からもお越しいただいてきました。そのなかで生徒さんが、①体調　②気持ち　③ルックス　が変わり、きれいに（男性は精悍に）なっていかれました。また、④暮らしが自然と変わった、電気代などの大きな節約になった　⑤出会いや仕事、人間関係、家族仲が変わった　という声もたくさんいただいています。体調については、冷え性、肩こり、片頭痛、便秘、むくみ、生理痛がなくなった、疲れにくくなった、睡眠が深くなった、風邪をうつされなくなった、鼻水と目やにが出なくなった、というものから、30年来のアトピーが劇的によくなった、子宮摘出の手術が不要になった、発達障害のお子さんが通常クラスに編入が決まったというものまで、多岐にわたります。気持ちの変化を喜ぶ声も多く、イライラしなくなった、家族に声を荒らげていたのは、単に食べものの「排出」だったんだなと思う、落ち込みにくくなった、落ち込んでからの立ち直りが早くなったなど多くの声をいただきます。なかには逆に、たくさん泣くようになった、という方もいました。「10年以上前のある出来事にすごく傷ついていたことが、やっと自覚できました。ずっと自分の気持ちを無視して生きてきたんだと思います。だから、今ちょっと元気がないように見えても、自分ではやっと心の回復をはじめた、そんな気分です」と話してくださいました。これは本当の心の安定を得るためにとても大切なことです。

また、むだ毛、体臭、口臭がなくなった、朝すっきり起きられる、目が大きくなる、唇がつやつやにピンク色になった、ほほがすべすべになった、適度に痩せたなど、食を通じて生みだされる変化には、みなさん喜ばれます。「命を食べる」という行為の奥深さを思わされます。

しかし、食事改善は、現実には少し難しい面があります。大きな原因は、健康になる食生活を実行しようとすると、少数派になってしまうことです。仕事の場で、つきあいで、買いものの場面で、悩むことが出てきます。加えて現代の暮らしは不自然なストレスがかかることも多いもの。そのため、たとえば肝機能が圧迫されると、人間は体に負担になるものをむしろ食べたくなります。そんなことから、多くの方が“食事を改善してみたいものの、どこから手をつけていいかわからないし、やる自信がない”とためらってしまうと思います。

けれど、完全には無理でも、毎日使っている食材を変えることからはじめてみませんか？　それだけで、肌がなめらかに、体臭がなくなり、味覚が変わる、疲れにくくなるなどの変化が起こります。なにより、これらの食材はとてもおいしい。だから、自然と自炊の回数が増え、油や添加物、塩分は減り、外食のときの店選び、メニュー選びも変わってきます。

この本では、単に心身を元気にするという意味で「正しい」食材だけでなく、「少し負担になるのだけれど、欲求を満たしてくれる食べもの」も多く紹介しました。嗜好品の類です。少し、ゆるく食事改善を取り入れればはじめやすく続けやすい。お酒や嗜好品を選ぶときも、その選びかたが変われば、一石二鳥です。不調が目立ってきたご家族の方にもすすめやすいかもしれません。

ご紹介した食材は、単に利益優先ではなく、信念に基づいた本物ばかりです。取り入れるほど、合成添加物の摂取もほとんどなくなりますし、イメージではなく、本当の意味で環境負荷も少なくなります。さらにこのような消費が広がっていくことは、医療費や光熱費の削減につながります。きびしい転換期を迎えている現代日本において、このことは直接日本経済のゆくえ、ひいては社会の在り方や未来の私たちの幸福に影響すると思います。

食材は数限りなくありますが、以上の３つの動機に合わせて、私自身が思い出深いものを中心にご紹介させていただくことにしました。小学生の頃から、心臓、生殖器などあちこちに問題を抱え、10代ですでに子どもが産めないのではと警告され、貧血、紫外線アレルギーや精神不安など多くのトラブルを抱えていた私をまったくちがう人生に導いてくれたように、それらがきっと、みなさまの新しい、そしておいしくて楽しい毎日の扉を開いてくれると思います。食べものが人生のすべてだとはまったく思いませんが、食べものの持っている影響力の大きさを、ひとりでも多くの方が実感してくださることを願っています。

この本の読みかた

本には人によっていろいろな読みかたがありますから、本書もみなさんの自由に読んでいただければと思います。しかし、はじめてマクロビオティックに触れる方にも気軽に取り入れていただくため、簡単にナビゲートします。

◎わかりやすく、とにかく体にいい食材・食品を知りたい、食べたい、家族にもすすめたいという方

part1 からの食材ガイドに進みましょう。切らしそうな調味料やおいしそう！　と思ったものからぜひ試してみてください。自然食品店に足を運んでみたものの、どう食べたらいいのかわからないと困った方もいるはず。そのため、一部についてはレシピも掲載しました。

◎マクロビオティックに興味があって、考え方や食事法について知りながら食事やレシピを読みたいという方

P.9 からの「基準となる食事、＜マクロビオティック＞」から本編、とくに part1 を読んでみてください。健康的でおいしいマクロビオティック食について記しました。「いったいなぜ？」と思われていた疑問や不安が解消するのではないかと思います。

◎食の安全に興味がある方

P.184 から読んでいただけると幸いです。今だからこそ問い直したい、見つめ直したい、私が食全般に対して考えていることも含め、できるだけコンパクトに記しました。マクロビオティックが単なる食事なおしの消費態度でないことがわかっていただけると思います。

目次

part 3 より本格的に！ ひと手間のアレンジ食材

part 4　料理が楽しくなる道具類

基準となる食事、〈マクロビオティック〉

マクロビオティックのいま

この本は、「マクロビオティック」に則っています。マクロビオティックとは、古来からの世界中の伝統の知恵とその法則を表します。実践の際には、偏食による事故をなくすために、日本の気候に合わせて考案された「マクロビオティック標準食」（久司道夫氏作成）に則るのが安心です。偏ったやり方だとかえって健康を損ねます。これにわずかに月に1〜2度の肉や乳製品を加えたもの（産業界等との調整があり）が、米国の「食事指導ピラミッド」として発表され、同国の成人病患者数を下げることに貢献しました。さらにマクロビオティックは治病食としてだけでなく、政治家や企業の経営者、女優、モデル、トップアスリートと心身の自己管理に熱心な人たちに広がっていきます。近年は「マドンナやトム・クルーズ、グウィネス・パルトロウが実践する食事法」などのフレーズとともに逆輸入され、そのことが「お金持ちやセレブの贅沢な食事」という誤解も生んだようです。ところが、反対にマクロビオティックは「健康マニアのストイックな堅苦しい食事」という逆のイメージも根強くあります。実際、現実から離れた理屈と戒律で縛り、かえって体調を崩すような“玄米野菜偏食”になってしまったり、マクロビオティックをかたって一部の健康食品を高額で販売するような団体もあるようです。

いずれにせよ、本当のマクロビオティックはそのようなものではありません。禅寺のかつての精進料理や『典座教訓』（道元禅師）、原始キリスト教など世界の伝統宗教、古武道、茶道などに通じる部分はありますが、一部団体の利益に処するようなものではなく、普遍的で、全人類の環境問題や医療、食糧問題に貢献できるものです。食事も質素なものから豪華なものまで多彩にでき、たいへんおいしいです。

「禁止」はなく、食本来の影響力を正しく知って、自分の責任で自由に決めるのが本当のマクロビオティック。きちんと実践すれば、その効果はすばらしく、「はじめに(P.2)」に書いたような効果をあげることができます。それゆえに、現代ではまだ少数派であるという不便さはあるものの、じわじわと広がり続けているのだと思います。

マクロビオティック標準食

マクロビオティック標準食は1日の食事割合として、

①全粒穀物とその加工品（ときに半精白も可）を50％前後
②おもに発酵食品を用いたスープを1～2杯
③気候に合った旬の野菜を体調によって30～50％（漬けものも含む）
④脂肪の少ない種の豆とその加工品、海藻を10％前後

をガイドラインとして、ふりかけなどや伝統調味料、ノンカフェインの湯茶が加わります。1週間に数回、調整や楽しみのためとして、気候に合った果物、脂肪の少ないナッツ、白身魚（主として男性や成長期の子ども）、マクロビオティックスイーツがあります。反対に、原則として日本の気候では、肉、卵、乳製品、甲殻類、魚卵、赤身魚、青魚、精製糖や人工甘味料、精製塩や精製油、カフェイン飲料、熱帯原産果物やスパイス、熱帯原産種の野菜やナス科の野菜は摂りません。

となると、「えー、絶対無理！」と多くの方が思われるのではないでしょうか。私もそうでした（笑）。でも、食事改善はいきなり完璧を目指さないことがコツ。ちなみに「ポイントをおさえ、できることから少しずつ、マシを積み重ねましょう」が、うちの教室のモットーです。

そこで気軽に、この本にある食材に順に切り替えてみて、おいしさと体の変化を実感なさってはいかがでしょうか。

まずは、

①玄米と味噌汁を正しく取り入れること
②調味料や食材を変えること
③動物性食品をゼラチンにいたるまでできる限り避けてみること
④極力、添加物の少ないものにすること
⑤よく噛むこと

がおすすめです。

たとえば、我が家も旅行や結婚式のときはシーフードと砂糖はOKとして後で体調を整えたり、外食時は天ぷらのつなぎの卵程度は受け入れたり、たまにはお店のマスター自慢のコーヒーやお酒も楽しんだりと、要は原則と基本を理解したうえで、多少の柔軟性を持った実践を続けています。

机上の規則だからダメと考えるのではなく、たとえば砂糖を摂ると実際に神経の働きに変化が起きたり、細胞が膨張します。日常的な摂取をやめると、久しぶりに摂ったときにそれを「くらくらする」「むくむ」などと体感できます。そこで食べた後、引き締めるものや運動で調えますし、行事や社交がないときはストイックに実践してみると心身共にいっそうの変化を実感します。生徒さんの実践度も千差万別で、週末だけやっている人、自宅ではマクロビオティック、外食は気にしない、自分はマクロビオティックだけど、ご主人には2日に一度は肉料理をつけてあげる約束になっている、などそれぞれです。

マクロビオティックの法則

標準食は、人間の進化の歴史や体の構造、各地の伝統食のほか、次の法則に則って編纂されています。

①身土不二《しんどふじ》　＜気候環境、季節に合わせて食べる＞

私たちの身と土はふたつに分けられない、という言葉ですが、生きものは、暮らす土地が生み出したものを食べることで、暮らす土地の気候や変化に体調が自然と適応します。野生生物は自らの行動範囲のものしか食べません。世界中から食べものをかき集めて、工業食品を増やし、季節の変化についていけず病気になっているのは現代人とそのペットだけです。だから、野菜といっても、温帯である日本に合わないアボカドやトマト、じゃがいも、アスパラガス、果物もパイナップルやキウイなどは常食しません。特別なときだけです。同じように、北方文化である肉食も日本で続ければ体熱が溜まりすぎますし、乾燥地域の食である乳製品の摂取は、むくみや鼻水、鼻づまり、中耳炎や耳鼻や肌、眼、神経などのトラブルを生みます。ただ、東日本大震災（3.11）以来、日本の国土には深刻な食べもの汚染被害が広まっていますし、海外も工業汚染、チェルノブイリや再処理工場の汚染などは激しく、それにはできる限り気を配る必要があります。

②一物全体《いちぶつぜんたい》　＜できるだけ丸ごと食べる＞

マクロビオティックは、食べものを栄養素の集合体と考えず、命とみなします。たとえば玄米は芽を出しますが、部分になってしまった白米は、もはや芽を出さず、生命力を持ちません。この眼に見えない生命力を食べることが、心身を強くするのにとても大事であるという考えかたです。また、たとえば野菜の皮は、私たちの皮膚に対応するので、皮をむいたものばかり食べていると皮膚が弱くなるというように、全体を食べることを重視します。反対に、動物の腸詰であるソーセージばかり食べていると腸だけにエネルギーが集まりすぎ、盲腸や直腸がんを招きます。部分食の最たるものである添加物はできるだけ摂らないようにします。また、断片食ばかり食べていると、断片的なものの見方をするようになり、全体食を食べていると全体的に考えるようになると考えます。現代は、医療も社会問題も断片的になりすぎて、全体の弊害が増えていますが、それも部分食によるものとマクロビオティックでは考えます。

③＜陰陽《いんよう》にのっとって食べる＞

食べものを構成している要素の、目に見えない「気」を認めた考えかたです。「気をつけてね」「病気、元気」「気のせいだよ」「気合」「気力」「天気」、日本語には「気」を認めるたくさんの言葉があります。この世の存在をすべて「陰陽」という２方向の気の組み合わせと捉えています。簡略すると、

> 「陰」の気は、
> 緩める、広げる、膨れる、拡散する、散る、空洞化する
> というようにどんどん広がっていく力。
> 「陽」の気は、
> 縮まる、引き締まる、集まる、収縮する、濃密になる、
> というようにぎゅっと集まる力。

このバランスを取るのが大事です。女性は「メリハリボディ」を目指しますが、これは、ふっくら（陰）した乳房と引き締まった（陽）ウエストのバランスの良さですよね。お金の使いかたも、時間の使いかたも、引き締めるときと緩めるときを無意識に使い分けていると思います。スポーツも、芸術も、達人はすべて「陰陽」の達人。肉体のトラブルも、体の表面、皮膚の炎症や膨れたパーツのがんの多くは陰性過剰、体の内奥のぎゅっと詰まった臓器である肝臓や下部にある直腸のトラブルは陽性過剰というように捉え、食べものと調理方法の陰陽で中和して改善していくのです。面白いところでは、いびきは陰性過剰で、歯ぎしりは陽性過剰。性欲の低下は陰性過剰、強すぎるのは陽性過剰、というように、人にいえない悩みが陰陽のバランスを取れば解決できることです。目、鼻、口といった顔のパーツも、陰性を摂れば摂るほど散っていき、陽性を摂れば摂るほど集まっていくので顔が食事で変わるのです。バランスを取っていくと誰もが、その人本来の美しさ、理屈を超えた魅力になります。そう書くと、どなたも自分が陰性か陽性か悩んでしまうかもしれませんが、まずはこの本の食材の割合を増やすことで現代食より「中庸」の状態に近づけます。

④生命力の高いものを食べる

マクロビオティックは“you are what you eat”、「食べたもののようになる」という考えかたです。たとえば、肉といっても、野生の肉と家畜肉ではまったく異なります。狭い小屋と人工照明のなか、抗生物質や遺伝子組み換え食など不自然な食事で、生きものとしての尊厳より経済的利用価値を優先され、ストレスと不満のなか、生を終えた生命を食べれば、同じような人生と死を送ることになると考えます。無駄に肥料を与えられず、鍛えられ、病気になりにくく虫に食われにくい作物、生命を食べれば、そのように強くなるし、甘やかされ、風雪に弱いものを食べれば同じように、逆境に弱くなると捉えています。

⑤動物性食品をあまり摂らない

生きものはすべて遺伝情報を持っていますが、動物性遺伝子はそのまま吸収され、植物性遺伝子は転化されて吸収されます。したがって、牛乳や豚を食べれば、その遺伝情報も食べるため、脳より肉体に栄養がいくように、豚なら豚のように顔が丸く首が短く、呼吸が浅くなる、どう猛な性質を持つ……というわけです。人間は歯の構造を見ても、犬歯は少なく動物性食品をあまり食べるようにはできておらず、摂り入れ過ぎることは人が本来持っているDNAすなわち能力を妨げ、逆に食を正すことで「元気」（元の気）になり、本来の個性と能力を際限なく発揮できると考えています。

⑥よく噛む、小食にする

噛めば噛むほど「陰陽」を中和でき、また食べ過ぎは万病の元です。少々の「飢える」感覚、腹八分目を大切にしています。そこから「足るを知る」「感謝」の感覚が自然と芽生えるからです。ですが、最初はまず食材の質を変え、お腹いっぱい食べていいと思います。体が強くなってくると、自然に食べ過ぎなくなるからです。

穀物菜食で栄養は足りる？

十分に足ります。むしろ、過剰摂取のたんぱく質や脂肪を減らせるので、内臓負担が減り、体調や精神面、外見上のメリットが大きくなります。動物性たんぱく質の摂取が現代のあらゆる不調の原因になっていることについては、栄養学の視点からは『葬られた「第二のマクガバン報告」』（T・コリン・キャンベル、トーマス・M・キャンベル著　松田麻美子訳　グスコー出版）がおすすめです。『乳がんと牛乳――がん細胞はなぜ消えたのか』（ジェイン・プラント著　佐藤章夫訳　径書房）は、自身も乳がんとその手術、５度の再発の苦しみから、原因である牛乳と乳製品を断たない限り再発した経験と調査結果を報告しています。牛乳のカルシウムは骨にはあまり吸収されず、しかし高カルシウム血症を招き腎臓などを傷めてしまいます。カルシウムは、普通牛乳 110(mg/100g 単位以下同じ) に対し、生のかぶ葉 250、しそ葉 230、木綿豆腐 120、干しひじき 1400、カットわかめ 820、乾燥ごま 1200、切干大根 540 と植物性素材に十二分に含まれています。たんぱく質も和牛サーロイン生で 11.7、豚もも生 19.5、鶏もも皮つき生 17.3 に対し、玄米 6.8、干しそば乾 14.0、小豆乾 20.3、凍り豆腐 49.3、納豆 16.5、レンズ豆 23.2、干しひじき 10.6、麦味噌 9.7 と十分に摂取することができます。どうしても不安でしたら、放射能汚染の可能性が低く、生育環境がいい白身魚やたこいか、鮭、貝類（紅鮭生 22.5、まだこ生 16.4、さわら生 20.1、ほたてがい生 13.5）などをごくまれに摂ればよいでしょう。栄養素は単体量よりも組み合わせが大事です。たとえば、カルシウムはマグネシウムやビタミン類と合わせて摂ることでよく働きます。旬の植物性素材をさまざまに組み合わせた料理はその意味でもたいへん優れています。

もう一点、ベジタリアンに懸念されるのがビタミン B_{12}。味噌やテンペ、海藻に入っているか否かの議論が分かれ、また入っていても植物性の B_{12} は不活性型のため、その働きを阻害するともいわれています。腸内環境が調うと不活性型を体内で活性型に転換できるという意見もありますが、客観的な根拠は今のところありません。必要量は 1 日υg（WHO）と微量で、余剰は肝臓と筋肉に蓄積されるため、欠乏状態になるまでは３～６年かかります。年にわずかに魚などを口にする以上の機会がある人は心配しなくていいと思われます。

「いい食材」は高くつく？

よく「いい食事はお金がかかるので、特別な人しかできない」という声を聞きますが、これは事実ではありません。確かに価格を見ると、商品の多くは一般のものより高価です。しかし現実には、食事改善は大きな節約になり、たくさんの経済的メリットをもたらします。

節約になる大きな理由は、食事改善は医療費や美容費、生活用品費、光熱費を大幅に減らせること。現代人は、食費を節約したり、不適切な食生活を続けることで、じつは多くの悩みを作り、経費がかかる暮らしになっています。たとえば我が家の家族４人が病院にかかったのは、２回のお産をのぞいて、12年間で４回だけ。薬代もほんのわずかです。続いて化粧品代。かつては紫外線でかぶれていた私が、この10年以上、日焼け止めを一切塗っていません。子どもの試合の観戦などで炎天下に何時間も何度も行っても、シミはほとんどなくなりました。ほかにも、いろいろな保湿剤が不要になりました。生徒さんの肌が白くなり、透明感が増していくのを見るのはうれしいばかりです。夏のクーラー代も体が火照らず、無理なく減らせます。肉や卵、パン中心の食は、体を火照らすからです。冷え性が改善するので暖房費も同じ。暮らし自体がシンプルになり、ゴミも極端に減ります。また、不安定な気持ちを解消するべく、ずいぶん無駄な買いものや浪費をしていたことに食事を変えて気がつきました。体からの分泌物が変わるので、消臭剤やトイレの洗剤、漂白剤、虫よけ（虫に刺されにくくなる）などの使用頻度が大幅に減ります。また、おいしい食材は傷みにくいので、冷蔵庫の設定温度を上げられ、無駄買いも防げます。

ふたつめは、食材ひとつひとつが与える満足度と栄養価のちがいです。元気な野菜と、慣行栽培の野菜を同じ値段で量を比較すると、なるほど、前者のほうが少なく贅沢に見えるかもしれません。ところが、少し塩をふって加熱してみてください。後者はみるみる縮んでしまい、へたをすると前者より量が少なくなります。後者は一見大きいように見えても、水分や間の空気で膨らんでいるだけで、質量自体はむしろ少ないのです。味も薄く、肉やバター、砂糖、たれなどの調味料が必要に。ひとつあたりの栄養価も低いことが比較調査でわかっています。これではどちらが得なのかわかりません。

食べ応えも大きく異なります。私の通っている合気道道場の先輩ご夫婦も、あるときから食事改善に取り組まれるようになりました。武道家というのは、極める過程で必ず食の問題につきあたります。伝説になる達人は、必ず「加工品を食べない」ことや、「肉食をしないで穀物と発酵食品、菜食中心にする」など現代食と異なる食を実践しているからです。さかのぼると徳川家康、武田信玄といった強健な戦国武将たちも、穀物や焼き味噌といった粗食中心で、乳製品などは当然摂っていないのです。その先輩も最初は「肉や魚がないとやはり満足できない……」とおっしゃっていました。ところが、ある日野菜を本当の自然栽培のものに変えてみたとのこと。「もうおいしくて。全然、充実感がちがう。これなら毎日はいりません」と笑顔で話してくださいました。そういえば、13年前は「マクロビオティックみたいに胡散臭いもの絶対にやるもんか」といった主人も食べてみて同じように驚いたことを思い出します。「お金がないから食事改善は無理」という方は皆、ソーセージや肉など割高な食品を食べていると思います。それらが不要になるのです。さらに、塩や醤油もきちんと選べば、3分の1ほどの量でよくなります。おいしさもちがいます。

そんなふうに「お腹いっぱい、満足だ」と、よいものだと少しで感じられるのです。今までと同じ消費スタイルや量で、そのひとつひとつが高額になるわけではありません。

なお、このことは社会全体としてもいえ、誰もが病気になりやすい、高コストの食事をして、医療費、介護費やエネルギー負担が増えているのが現代社会。みんなで元気になって、社会の必要経費負担を軽くしましょう。また、一般に「肉は1kg生み出すのに、6～10kgの穀物が必要」で、先進国の肉食消費過剰が世界の飢餓の主原因です。作られた穀物が餌となり、飢えた人に渡らない現状があります。できるだけ肉食を減らせば、無理な増産の必要もなくなります。CO_2排出問題や、水不足、砂漠化、森林破壊のいちばんの原因になっているのもじつは大規模畜産とその加工業です。個人としても、社会としても本当の節約ができてゆとりある暮らしが、身近なところからはじめられるのです。

必須！

part 1 これだけは吟味したい 7つの食材

毎日の食事が楽しく、元気の核になる食材たち。
使用頻度が高く、味覚を変える力が強いので、
知らず知らずのうちに体の負担になるものを
「おいしくない」と感じやすくなります。
体のリセット効果も高いため、
外食の多い人もぜひこの7つは揃えて。

玄米

なによりも大切、毎日の基本の「ご飯」

食事の核になり、私たちに最も影響があるのが穀物です。米を意味する「ご飯」は食事全体も指しますが、「野菜」や「肉」という言葉では表せません。英語の「meal」も元はトウモロコシの原種、穀物のこと。なかでも玄米は繁殖力（生命力）や排出力が非常に高い特徴を持っている最重要食材です。旧字の「氣」は、〈米〉の文字が含まれています。

玄米は「有機」にこだわりすぎず生育方法全般で選びます（P.184参照）。続いては乾燥方法。理想は天日干しで、それによって茎の栄養や旨みも稲穂の部分に濃縮されますが、少量しか市場にはありません。一般のボイラーや機械乾燥でもいいですが、高温すぎてひび割れていないものを。急な乾燥で収縮しすぎていると甘味がなく、食べた人も縮まって強ばります。

玄米食を続けるには品種選びも重要で、今はコシヒカリやミルキークイーンのようなもち米タイプが全盛ですが、本来、日常食に向くのはアミロースが20％前後含まれるササニシキやユキヒカリ、日本晴などややあっさりしたお米。準じてあきたこまち、ヒノヒカリ、あさひなど。コシヒカリやミルキークイーンはもち米に近いので、寒い季節や白米向けです。

写真の平岡貴志氏のササニシキは雑草をあえて一部残した田んぼで、肥料も与えられすぎず育ちます。稲たちは、雑草たちと競争しないと生き残れません。稲を信じ、甘やかさない育てかたです。それでいて、いい水をどう引くか、鹿たちからどう守るか、肥料の鶏糞の鶏の育てかたその他にまで気を配り、手間ひまは惜しまず、稲たちが十分に太陽光線を浴びられるよう、広々と植えてやります。効率優先、大量収穫のためにぎゅうぎゅう詰めにはしません。そうして、厳しさと手間の両方で育った米たちは、無駄のないシルエットにしっかりした旨さと強さ、そして余裕を持っています。ただ黙って食べているだけで元気になれる、そんなお米たちです。

21

玄米

マクロビオティックでは、穀物は直立歩行や手足の複雑な動きを可能にさせ、
脳神経の発達を促し、動物をヒトに進化させた核心であると捉えています。

玄米ご飯の炊きかた

なにより基本の玄米の、おいしい炊きかた。
圧力鍋を使って、適度な固さのご飯を炊こう。

材料

玄米 …… 2合（360cc）
水 …… ササニシキ系の米には約460cc
　　　　コシヒカリ系の米には約400cc
塩 …… ひとつまみ程度

玄米と水の分量の目安

ササニシキ系を1合（180cc）… 約250～300cc
コシヒカリ系を1合（180cc）… 約230cc
ササニシキ系を3合（540cc）… 約700～800cc
コシヒカリ系を3合（540cc）… 約600cc

◎圧が強いほど水量は少しずつ減り、圧が軽い／ないほど多く必要
◎新米の場合、水は少なめでよい
◎炊く量が少ないほど、水の割合は多くなり、多いほど少なくなる
◎浸水時間は、冬・5時間以上、夏・3～10時間くらい
◎夏は、冷暗所におく

③

⑤

①［選別］もみがらや傷んでいるお米を取り分け、かつ乾燥具合などをみる。

②［洗米］洗う前に手を合わせ、心と頭のおしゃべりをストップ。静かにきれいな水を注ぎ、静かに回すように洗う。ここでは研がない。水を替え、再度注ぎ洗う、このプロセスを2～4回繰り返す。ざるで1分ほど水を切る。

③［浸水］水の割合は、米の1.2～1.5倍くらいと品種、乾燥具合と鍋、炊く量で大きく変化する。上記「玄米と水の分量の目安」を参考に。きれいな水に浸して。

④［炊飯］塩を少々加えて、蓋をして中火にかける。圧がかかってきたら1分くらい強火にし、圧が落ちない程度に火を弱め、25分前後加熱する。最後に、5秒くらい強火にあてる。火からおろし、濡れぶきんの上に置いて5～10分蒸らす。

⑤［天地返し］鍋の中を切るように混ぜて上下を返しほぐす。

memo 一度湿らせてから拭いた飯台に移すと、なおおいしく傷みにくい。
ひと粒も無駄にならないようにしたい。

玄米高菜チャーハン

冷蔵庫でポロポロになった冷ご飯は、チャーハンにぴったり。
すこしパンチのある味に仕上がる高菜チャーハンは男性にも好評。

材料（1～2人分）

高菜漬け …… $\frac{1}{4}$カップ（25～30g）
小ねぎ …… 3本
ごま油 …… 小さじ1
白洗いごま…… 小さじ1
玄米ご飯 …… 2.5カップ（約300g）
薄口醤油 …… 大さじ$1\frac{1}{2}$（大さじ1の水で割っておく）
塩、白炒りごま、のり …… 適量

① ねぎは3cmくらいに、高菜漬けは細かく刻んで水気を絞っておく。
② フライパンに油を熱し、白ごまを入れ、はじけてきたら、①のねぎと高菜漬けを入れる。
③ ご飯を広げるようにのせて、水で割った薄口醤油を回しかけ、蓋をしてとろ火～弱火で蒸し焼きにする。
④ 3分くらいしてふんわりしたら、ざっと全体を混ぜながら、塩で味を調えてできあがり。
⑤ 器によそい、白炒りごまや海苔などをふる。

memo 好みで刻み油あげを入れてもおいしい。

野菜

マクロビオティック的、野菜の選びかた

食事改善に、野菜の質は重要です。なぜなら、野菜が充実していないと、どうしても肉や魚、濃い味付けのものがたくさん食べたくなってしまうから。逆に「野菜の質を変えてから、植物性中心の食事でも満足するようになった」という声をとくに男性から多くいただきます。「おかげで痩せて、体臭も減り、疲れにくくなって一石数鳥です」とも。

その大切な野菜選び、現代社会ではほぼF1と呼ばれる種(P.186参照)になります。その場合、原則として、化学肥料、動物由来の割合が多い有機肥料ができるだけ用いられていない野菜を選びましょう。「有機」「オーガニック」という表示はあっても、決しておすすめできない野菜も増えています。

形式やイメージではなく、より「自然の力で」育てられた丈夫で強い野菜たちは小ぶりでよく引き締まり、そして美しい形をしています。芯がずれていません。また腐らず、枯れていきます。傷みにくいので日持ちがします。切るときの音は心地よく、香りもよいので料理が楽しくなります。その断面のきめ細やかさと美しさに驚くでしょう。食べた人の肌も同じようにきめ細やかになるのです。そして何よりとってもおいしい。

また、野菜は品種も「自然」にしましょう。私たちが生活している気候に合った種を、季節のものを食べるということです。具体的には、日本では、じゃがいもやアボカド、ほうれん草、ルバーブ、ビーツ、アスパラガス、にら、なす、準じて、トマト、さつまいも、さといもなどは食べ過ぎないように。冷えやむくみ、胃腸の緩み、落ち込みやすくなるなどの原因になります。理想をいえば、小松菜や大根菜、春菊などの青菜類、かぼちゃや玉ねぎ、ブロッコリーなど丸い形の野菜、ごぼうや長芋、人参などの根菜類の３種類を毎日摂ることができれば、そしてF1だけでなく在来種の野菜も食べられればいっそう元気に。

引き締まっていること、芯がずれていない、形が美しい、腐りにくい。

塩

塩は味の決め手。人生の決め手

「いい塩梅」という言葉どおり、塩加減は料理と体調の決め手です。海水中の塩分の濃度が、生命を産みだし、また死滅もさせてきました。塩加減は本当に大切で奥が深いのです。「サラリー」の語源が塩（salt）というのは、ご存じの方も多いでしょう。

いい塩はごく少量で、素材の甘味、コク、深みを増し、食後に喉が渇きません。多少摂り過ぎても排出しやすいです。細胞の浸透圧に直接作用するため、むくみや血圧異常が改善され、血流やリンパの流れがよくなります。その結果、代謝がよくなる、疲れにくくなる、肌が白くなる、痩せるなど多岐にわたる効果が現れ、味覚も変わってきます。

塩は伝統製法のものを選びます。なかでも急激な高温処理でなく、甘味がありカルシウムなども含んだ塩がいいです。にがりは多すぎず少なすぎずのものを。北半球で暮らしているなら、北半球の海塩がおすすめです。

現在、国内には1500種類以上の塩があり、今は「自然塩」「天然塩」という表示は禁止されています。しかし、「天日塩」と書いてありながら、イオン交換膜製塩法の食塩に一部に天日塩を混ぜただけのもの、伝統製法の「釜炊き」でもあまりの高温短時間処理で、塩化ナトリウム以外の微量ミネラルが少なく体内に不必要に蓄積しやすいものなど、イメージに訴えるだけの商品も多いので注意しましょう。

[カンホアの塩]
天日塩を混ぜたのではなく、本当に天日干しした塩でこの価格は破格。塩の味を利かせたいときは、こちらがおすすめ。果物や甘味料との相性もよく、スイーツ作りにも欠かせない茹で塩やもみ塩など塩を多く使うときにもうれしい価格。

[奥能登海水塩]
湯の中で時間をかけてゆっくりと結晶化させた塩。その結晶は一般的な四角形でなく、美しいピラミッド型。ごく少量で穀物や野菜のおいしさを引き出す。薄味でも物足りなさはなく、仮にこの塩で濃く味付けしても余剰塩分は排出されやすい。

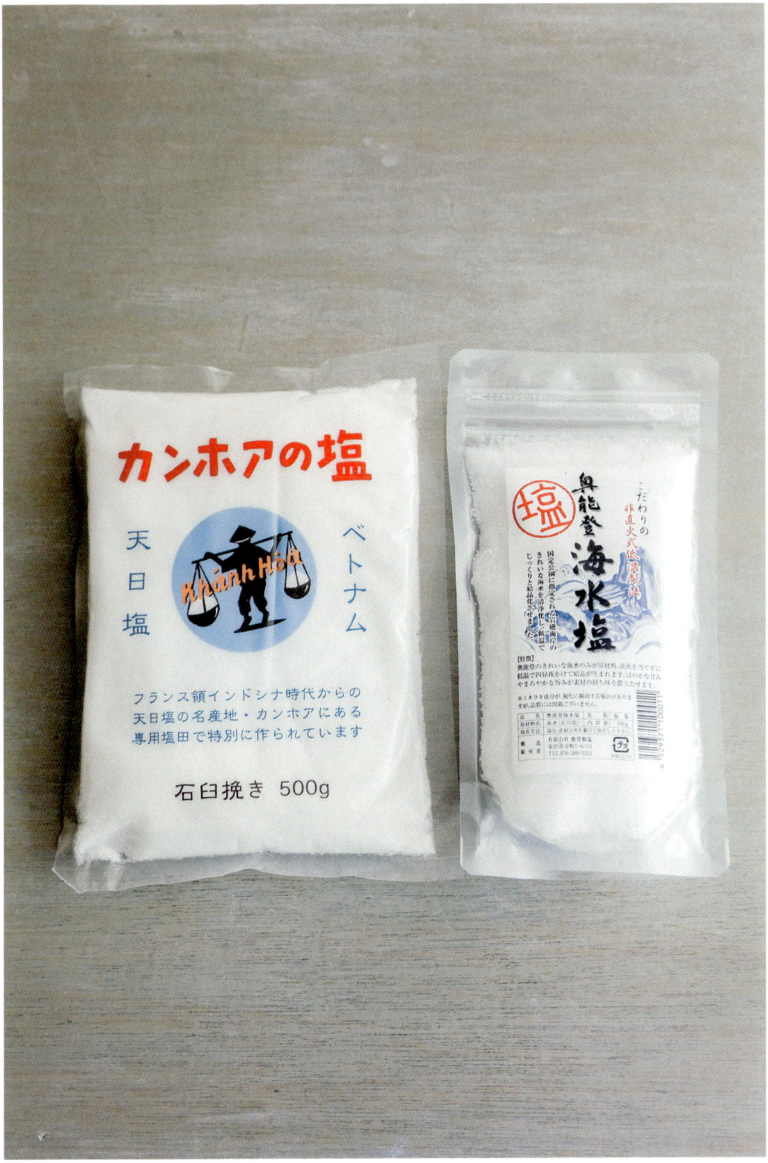

左「カンホアの塩（500g）」有限会社カンホアの塩
右「奥能登海水塩（200g）」有限会社能登製塩

かぼちゃの水無し炊き

いい素材は塩と鍋だけの力で、デザートのように甘くなる。

材料（作りやすい分量）

かぼちゃ …… 適量（200g 程度）
自然海塩 …… ひとつまみ

①

① かぼちゃは綿をとり、皮ごとひと口大に切る。自然海塩をごく少々ふる。

② 厚手の鍋に、①と水を高さ5㎜くらい入れて中火にかける。沸騰したら火を弱め、蓋をしてとろ火～弱火で20分程加熱してできあがり（80℃くらいを保つ）。

memo キャベツや大根、カリフラワー、ブロッコリーも変色はするが、おいしい。水量は野菜の水分量や切った大きさで調整して。肥料が多すぎた水っぽい素材だと、蓋をしないで水気を飛ばす必要もあり、におうことも。また、残りをマッシュして春巻きの皮で包んで揚げたり、かぼちゃコロッケにしたり、いろいろアレンジができる。

梅ごぼう

整腸作用（便秘の解消）、美肌、ダイエット効果だけでなく、心臓や生殖器も調えてくれるメニュー。

材料（作りやすい分量）
ごぼう（大）…… 1本
梅干し …… 1～2個
（分けるか刻んでおく）
濃口醤油または薄口醤油 …… 適宜

① ごぼうは洗って、7cm程度の長さにぶつ切りする。太いものなら半分、4等分に割る。

② 厚手の鍋に①と十分にかぶるくらいの水、梅干しを入れて火にかける。蓋はしない。

③ 沸騰してきたら火を弱め、ときどき差し水をしながら、十分にごぼうが柔らかく甘くなるまで弱火で2時間以上。できれば6時間くらい煮る。あまり弱すぎても煮えないので注意。

④ 最後は煮切り、水がなくなる直前に味をみて、必要と感じたら薄口醤油数滴などで調整する。

memo 乳製品や精製糖、それらを使ったお菓子、コーヒー、チョコレートの食べ過ぎの人にとくにおすすめ。びっくりするほど甘くなります。

醤油　濃口醤油

日本が世界に誇る至高の調味料

日本人にはとても身近だからこそ、まず変えて欲しい調味料が醤油です。今では、材料が丸大豆、麦、塩のみの本当の「醤油」はたいへん少なくなってしまいました。とくに脱脂大豆由来、プラスチックや金属の樽での短期製法では、樽・蔵にすむ菌の数が比較にならないため、味も効能もまったく別物になってしまいます。醤油はあくまで菌の豊富な「発酵食品」でなければなりません。おいしいだけでなく、血液をきれいにし、免疫力を高めるなど、強い働きを本来持っているものなのです。

下記の醤油はいずれも見事な名醤油。今日はどれにしようかな、はたまたふたつを組み合わせようかな、と毎日楽しく悩んでいます。高いようでも、ごく少量で何倍もおいしく、ごまとすり混ぜる、大葉、ねぎ、マスタード、米飴と、いい醤油があればいくらでもバリエーションが生まれます。

[**丸中醸造醤油**]
200年以上前の蔵（国登録有形文化財指定）で生きてきた菌と対話する職人さんの技が生むおいしさと効能は私の「醤油」に対する認識を変えました。いざ調理に使うとあくまで素材を引きたて、自己主張しすぎない。３年かければすべての醤油がこうなるわけでもない、日本が世界に誇れる名醤油。原材料は滋賀や愛知など。

[**金笛丸大豆醤油**]
寛政元年（1789年）創業の伝統を誇る老舗。最近は北米の丸大豆、天日塩、地下水を使用、ふた夏熟成。複雑多層な味でいながら軽い。ふつう、醤油のおいしさは奥行きと深さになるが、この軽やかさと広がり、陰陽でいう「陰性」の味わいを持った醤油はなかなかなく、しかも安価。震災後の材料を使った醤油は10Bq／kg以下で検査済み。

[**茜醤油**]
木樽熟成の本格派。期間は1年でも誰にも好まれる味で幅広い料理に合う。おいしさの割に低価格なので、麺つゆや下味の煮込みなどわりと多く醤油を使うときはこちらに頼れる。丸大豆は長野・東北産、小麦は長野・群馬産、塩は現在オーストラリア産の天日塩だが、いずれ北半球原産になることを期待！（オーサワは独自基準10Bq／kgで、抜き取り検査をしている）。

左「金笛丸大豆醤油（1ℓ）」笛木醤油株式会社　中「茜醤油（720mℓ）」オーサワジャパン株式会社
右「丸中醸造醤油（720mℓ）」丸中醤油株式会社

しょうが麺つゆ

大人向けのぴりりと辛みがおいしい麺つゆレシピ。

材料（500cc分）

A（ひと晩浸しておく）
- 昆布 …… 15 × 7㎝
- 水 …… 500cc

えのき …… 50g
しょうが …… 50g
（皮をこそげて5mm幅でスライス）
乾燥わかめ …… ひとつまみ
濃口醤油 …… 50cc
薄口醤油 …… 30～40cc
米飴 …… 大さじ2
てんさい糖 …… 大さじ2

① Aとスライスしたしょうがとえのき、わかめを入れて中弱火に10分くらいかけて、沸騰する直前に昆布のみ取り出し、弱火で2、3分煮詰める。

② ざるでこし、薄口醤油、濃口醤油、米飴、てんさい糖を混ぜて煮立てないよう、とろ火で5分程度煮て、よく冷ます。

memo 冷蔵庫などで1週間程度もつ。麺つゆの濃さの好みは、出身地や男女でずいぶんと変わるので、甘さなど調整してください。醤油を2種類使うことで、コクが増します。

3年梅醤番茶

億単位の酵素を含む3年醤油と3年梅干だからこそ可能なおいしさと効能。

材料（200ccのビン1個分）

梅醤油
- 3年梅干の梅をとったもの …… 1/2カップ
- 3年醤油 …… 1/2カップ強

番茶 …… 適量

① 梅干しの実をとったものを、煮沸などした清潔なビンに入れ、醤油を注ぎ入れる。蓋をしめ、冷暗所（ただし寒すぎない場所）にひと月以上おく。ときどきそっとゆらす。

② カップ1杯の温かい番茶に①を小さじ1程度入れ、混ぜて飲む（熱湯だと①の菌が死んでしまうので飲める程度の熱さの番茶を、カップの縁を沿わせるように注ぐこと）。

memo 好みでしょうが汁を入れてもよい。梅うどんやおすましなど、料理にもいろいろ使える。保存期間は冷暗所で1～2年ほど。血液の状態を調えるため、さまざまな不調に効く。

醤油　たまり醤油、薄口醤油

お吸いものや煮ものをひときわおいしく仕上げる醤油

続けて増やしたいのが醤油のバリエーション。たまり醤油とは、材料に小麦が含まれず大豆と塩だけの醤油。小麦アレルギーの人にもおすすめできる醤油です。我が家も、娘が疲れてくると小麦入りの醤油で口の周りが赤くはれることがあって、そんなときはたまり醤油の出番。

もうひとつ料理に欠かせないのが薄口醤油。淡い見た目と異なり、じつは濃口醤油より塩分が多く、「陽性」になりやすいので、まろやかで甘味もあるものを選ぶことにしています。

[丸又商店のオーガニックたまり]
たまりでも、主張が強すぎずとてもまろやか。お湯に溶いただけでおいしいので、お吸いものに重宝。中国産の有機丸大豆と天日塩を使用。文政12年（1829年）創業。1年熟成。

[ヤマヒサの薄口醤油]
こちらも現在では貴重になった丸大豆仕込み（一般品の8割は脱脂大豆仕込み）。なかでも岩手県産や石川県産の貴重な国産大豆にこだわっている。職人さんが「脱脂大豆でなく、なかでも国産の丸大豆を前にすると真剣勝負の気持ちが高まる」と話しておられるのに魅かれます。小麦は、青森、岩手、秋田、北海道などの丸小麦。大豆ともに現在流通分は、2010年までの収穫物。2011年以降のものは基準値10Bqで検出結果ゼロのものを使う予定とのこと。塩は海外のものでも、天日塩。伝統の蔵と技で、1年から1年半かけて熟成される名醤油で、煮もの、おすましはもちろん、炊き込みご飯や炒めものもおいしく味をキメてくれる。

左「オーガニックたまり（360mℓ）」株式会社丸又商店
右「杉樽仕込頑固なこだわりしょうゆ／うす口（720mℓ）」株式会社ヤマヒサ

大根ステーキ

素材がいいと、シンプルでも十分な主菜になる。ぜひじっくり焼いて。

材料（4切れ分）
大根 …… 8cm
ごま油 …… 小さじ $\frac{1}{2}$
醤油 …… 大さじ1～1.5
(小さじ2の水で割っておく)
しょうがおろし …… 適量

① 大根は2cm厚さの輪切りにし、格子に切れ目を入れる。

② フライパンに油を熱し、①の両面を焼いたら、弱火にして少々の水（分量外）を手で散らす。蓋をして、じっくり20分程焼く。途中1、2度上下を返す。

③ 十分に柔らかくなったら、水で割った醤油を回しかけて煮切る。すりたての香りがたったしょうがおろしをのせる。

memo 大根を蒸してから焼くと別のおいしさに。また、大根に塩をふると柔らかい味になるので、お好みで。

ひじきとかぶの醤油ドレッシング

鉄分やカルシウム、マグネシウム、たんぱく質などの宝庫、ひじきをサラダ感覚で。

材料（2人分）

長ひじき …… 10g

かぶ …… 2個

小ねぎ（小口切り）…… 適量

A

- 薄口醤油 …… 大さじ1
- オリーブオイル …… 大さじ1
- 水…… 大さじ1

レモン汁 …… 大さじ1

自然海塩 …… 適量

① 長ひじきは、ぬるま湯で戻してカットする。かぶは、皮ごと回し切り（縦半分に切ったあと、中心から放射状に切る）。

② 鍋にAを入れ、とろ火で沸騰しないように1分煮る。レモン汁を加えてひと混ぜしたらすぐ火をとめ冷ます。

③ ①のかぶを塩茹でし、おか上げ（盆ざるにあげて徐々にさます）する。

④ ③と同じ湯で、長ひじきを3～5分ときどきかき混ぜながら茹でてざるにあげる。②に浸して冷やす。

⑤ ④に③を和えて、小ねぎを散らす。

memo 好みでレモンスライスを飾ったり刻みアーモンドなどを散らしても合う。ねぎの代わりとして、茹でたカブ菜もほろ苦くておいしい。かぶ菜はカルシウムやミネラルが豊富。

味噌

若さや美肌、そして元気の秘訣、“味噌”。脳の働きも手伝う

味噌は吸収のよいアミノ酸、油脂、さらに繊維やビタミン、ミネラル類、酵素を豊富に含んでいます。これに旬の野菜、ときには豆腐、納豆、麩などのたんぱく製品や海藻なども入れ、フレッシュな薬味を散らして香りと見た目の刺激も加えたおいしい味噌スープは完全副食。これに全粒穀物があれば、人に必要な栄養素はほぼすべて賄えています。また、排毒効果がたいへん高いため、食生活に不安がある人ほど、よい味噌とそのスープは欠かせません。さらに、体を温める効果も高いため、冬や寒いところでは多く。疲労回復や怪我からの回復を早めたり、筋肉を強く柔らかくする効果も高いので、体を使う仕事の方も欠かせません。意外にも美白効果、肌質をなめらかに柔らかくする効果などもあり、美肌のためにもおすすめ。ただし、濃すぎると逆効果で、自分に合った加減が大切です。男性や子どもも大好きな味噌はレシピが増えるたび、家族との実践が楽しくなるでしょう。

味噌選びで大切なことは、良質な丸大豆、麹、食塩のみが原料で酒精やかつおだしなど無添加なこと。最低ひと夏、できればふた夏熟成されていること。杉樽など木の樽が理想です。それによって、元気な酵素が増え、栄養を吸収しやすく、排毒の効果を高めるのです。

[立科麦みそ]
米と合わせるには、まず麦麹の味噌が必要おすすめ。九州などの麦味噌は麹が多い短期熟成で、この麦味噌とは異なる。自分で作るのもテですが、まろやかなひと夏以上の熟成麦味噌はなかなか難しいが、これはたいへんおいしい。

[白みそ]
味噌というより発酵調味料として楽しみたい白みそは、とてもクリーミーで乳製品いらずに。焼きものや汁もの、隠し味にといろいろ使える。材料はすべて滋賀以西のもの。

[立科豆みそ]
豆味噌もあると便利な豆麹の味噌。八丁味噌もそのひとつで、三河武士、徳川家康たちの強さの元といわれている。武将や武道家には味噌の研究に熱心な人が多く、男性の精力やパワーも強くするとか。ふた夏熟成。左記の麦みそとどちらも材料は2013年4月まではすべて東日本大震災前のもの。

上・左「国内産立科麦みそ（750g）」
上・右「有機立科豆みそ（750g）」ともにオーサワジャパン株式会社
下「マルクラ　白みそ（250g）」マルクラ食品有限会社

みじん切りの味噌スープ

味噌汁の別名は「御《お》御《み》御《お》つけ」。「御」が3つもつくほど大切。本物の味噌で1日1杯をぜひ習慣に。

材料（2人分）

乾燥わかめ …… 小さじ1/2
（好みですり鉢ですって
細かくしても）

水 …… 380cc

具材 …… すべてみじん切りで
1/5〜1/4カップくらいずつ
- もやし
- セロリ
- とうもろこし
- かぼちゃ

味噌 …… 大さじ2

① 鍋にもやし、セロリ、とうもろこし、かぼちゃ、わかめを順に入れ、水を注ぎ中火にかける。

② 沸騰前に火を弱めてクツクツするくらいの温度で数分煮る。

③ 味噌をすり鉢ですり、②を少量すくい冷ましながら加え溶く。

④ ②の火をとめて③を加える。とろ火で沸騰させないように2、3分加熱する。

⑤ 器によそい、好みの薬味を散らす。

memo 比較的女性好みの味噌スープ。味噌汁の好みは、具やカット、濃さなど千差万別で、大切な人の好きなひと椀を研究することはとても楽しい素敵なこと。また、③で熱湯を注いだり、④で煮立てると菌が死んでしまうので注意。一方、よく誤解されているように、まったく火を通さないと味噌の塩分・油脂分が吸収または排出しづらく逆によくない。

板麩と野菜の味噌炒め

炒めるとおいしい板麩に、ザワークラウトで新鮮味を加えて。

材料 (4人分)

板麩 …… 1枚
ピーマン …… 2個
玉ねぎ …… 1個
ザワークラウト …… 1/4カップ
味噌 …… 大さじ1.5～2
マスタード …… 小さじ1

① 玉ねぎは皮をむいて、5㎜幅で繊維に垂直方向に切りそろえる。フライパンに水を沸騰させ、玉ねぎのウォーターソテー＊をはじめる。

② その間に、板麩は水で戻して1㎝幅くらいに切る。ピーマンは種を取り、5㎜幅で繊維に垂直に切る。

③ ①に甘い香りがしてきたら、②の板麩、ピーマンを入れ、ザワークラウトを野菜に重ねて1分くらいおく。

④ 味噌とマスタードを加え、弱火にかけながら全体を和える。

＊ごく少量の水を使い、野菜の甘味を引き出す調理法。アクや刺激臭の強い野菜に向く。厚手の鍋に1cm程度の水を沸騰させて炒める。

memo このときの味噌は、味噌汁とちがって水で溶かないほうがおいしい。具の組み合わせはいろいろあり、これは、生理前の女性にとくにおすすめ。

酢

色も美しい梅酢と時間をかけて熟成させた本物の醸造酢を使い分けて

日本では元々「酢」は梅酢を指しました。梅酢は梅干しを漬けたときに上がってくる液体のことで、穀物酢などと異なり酢酸発酵していません。酢酸発酵させた酢は緩める力、胃を拡張させる力が強く、とくに塩分や動物性の摂取が多い人向け。一方、梅酢は酸味に塩分も加わり、胃や腎が弱い人のほか、万人に合うので、目的に応じて使い分けます。どちらも肝機能の働きを助け、ゆえに筋肉疲労の回復や血液循環をよくし、イライラを鎮めます。

梅酢は、白梅酢でなく赤梅酢（梅干しを漬けるときに紫蘇を加えたもの）を選びましょう。塩分のほかに、アミノ酸やカルシウム、鉄分などのミネラル類、クエン酸やリンゴ酸などの有機酸が豊富に含まれています。唾液の分泌を促して、胃腸の働きを活発にし、消化を促進します。とくに、「ご飯」の分解に大活躍。また、活性酸素の排出を促すので、疲労回復にも重要です。夏バテ効果もありますし、食材を傷みにくくするので夏に必須。茹でたてのかぶにふるだけでおいしいですが、かぶや玉ねぎなどを浸して赤く染め、盛り付けのアクセントにしても。玄米甘酢と混ぜたドレッシングも人気。なお、梅酢を薄めたうがいは、咳や風邪が多い人はぜひやってみてください。

もっと「陰性」が強いのが米酢。肉や卵、チーズ、赤身魚（「極陽性」）を多く摂ってきた現代人には、中和のために必要です。油脂や添加物を摂り過ぎて疲弊した肝臓を助け、たんぱく質の分解を促進するからです。肝機能の低下は、血液の酸化、動脈硬化、生理のトラブル、イライラ、眼の疲れ、シミなどの原因に。理論上は玄米酢が理想的ですが、材料の玄米がよほど引き締まったものでないと、風味にクセが生まれやすく、好き嫌いが分かれます。白米酢でも、千鳥酢は原料にきちんと米粒を使い、じっくり熟成させてあり、酸味だけでなくたいへんまろやかなコクや旨みがあります。

左「紅玉梅酢（200㎖）」海の精株式会社
右「千鳥酢（360㎖）」村山造酢株式会社

梅酢ご飯

冷めてもおいしい酢飯風で夏に活躍！　梅酢や梅干しは夏バテを防止し、ご飯も傷みにくくします。

材料（2合分）

炊きたて玄米ご飯 …… 2合

梅酢 …… 大さじ2～3

（好みで調整可）

大葉 …… 10枚（千切り）

① 炊きたての玄米ご飯に梅酢をかけてあえる。

② 粗熱がとれたら大葉を混ぜる。

memo 好みでごまも一緒に混ぜたり、梅酢の代わりに梅干しにしたり、お好みのアレンジを。

とろろおすまし

1分でできるおすましはよい素材ならでは。肝機能を助け、血液をキレイにする働きも。

材料（2人分）
とろろ昆布 …… ふたつまみ
酢 …… 小さじ2
醤油 …… 大さじ1
番茶またはお湯 …… 360cc程度
小ねぎ …… 適量

① 椀にとろろ昆布を入れ、番茶またはお湯を注ぐ。酢と醤油を回し入れてかき混ぜる。

② 好みで小ねぎやごま、大葉、柚子の皮など薬味を散らす。

memo 更年期やイライラしやすい女性に。男性には酢を抜いたほうが喜ばれることも。

油

伝統的な圧搾製法が生み出すコクと食後の軽やかさ

最近の食品売り場にはたくさんの種類の油が並んでいます。しかし「一物全体(P.12)」に反し、体内に蓄積しやすい油は、どんな種類でも摂り過ぎないことが大事。油脂の過剰が疲労や肥満、肌荒れ、さまざまな成人病などの元になっています。種類以前に安価な油の大量消費を控えましょう。よい油を少しが健康の秘訣です。

まず、材料が遺伝子組み換え作物でないこと。次に、薬品抽出でなく伝統的な圧搾製法の油にしましょう。現在の油の多くは製造過程で大量の薬剤を用いますが、表示義務がないため、消費者にはわかりません。1968年の〈カネミ油症事件〉は、その一部が油に混入して起こった中毒事件で、被害者は今も苦しんでいます。

最も安定していて酸化しにくいごま油は、味だけでなく香りもごちそう。鹿北製油のごま油は、契約栽培のごまを薪の火で釜炒り、和紙でろ過しています。風味が最高です。

菜種油のよいものは、風味とクセが強すぎて、これだけはサラダ油（精製油）を使うようになりました。きっかけは、米澤製油の化学薬品を用いない、湯洗い製法の油に出会えたから。臭いにくくコクが出るので料理からお菓子作りまで万能に使えます。

オリーブオイルは、体が温まりにくいので、春夏におすすめ。オルチョ・サンニータは3か月もかけて自然に果肉とオイルを分離させており、たいへんなめらか。和の素材や醤油との相性もとてもよいですが、オリーブオイルはやや不安定で分離凝固しやすい性質があるので、日本では摂り過ぎに注意しましょう。

グレープシードオイルは、風味が軽いのでお菓子作りに重宝しますし、揚げものをあっさりさせたいときにも混ぜてみて。とても酸化しにくい油です。

左から「国産ごま油（160g）」有限会社鹿北製油　「グレープシードオイル（460g）」ケータック・プランナーズ
「オルチョ・サンニータ（750ml）」アサクラ
「圧搾一番しぼり　なたねサラダ油（600g 丸缶）」米澤製油株式会社

オリーブオイル塩こしょうパスタ

何にもしたくないとき、いい素材を使った簡単な一品。オクラは切らずに歯ごたえを残そう。

材料（2人分）

全粒パスタ …… 70g
精白パスタ …… 140g
塩 …… 適量
オクラ …… 8本
オリーブオイル …… 大さじ1
薄口醤油 …… 大さじ1
塩こしょう …… 適量

① 湯を沸かして、塩（多め）を入れ、全粒パスタを入れて茹でる。2分したら、精白パスタを入れて茹であげる。

② 途中、同じ湯にヘタを削ったオクラを入れて1分程茹でてすくう。

③ フライパンにオリーブオイルを弱火で軽く温め、オクラを入れて、塩、薄口醤油を少々（分量外）をかけてじゅっと焼きつける。その上にパスタを入れてからめ、塩こしょうまたは薄口醤油大さじ1をふってできあがり。

memo 海苔と醤油、わさび、三つ葉の組み合わせも簡単でおいしい。

こんにゃくフライ

カロリーゼロで整腸作用もあるこんにゃくが食べ応えのある揚げものに。

材料（2～3人分）

こんにゃく …… 1/2丁（200g）
ピーナッツ …… 1/4カップ
醤油 …… 小さじ1
米飴 …… 小さじ1強
塩 …… 小さじ1/2
水 …… 大さじ3
精白小麦粉 …… 1/2カップ
青のり …… 適量
菜種サラダ油とほかの油を7：3程度の割合で揚げ油に

① こんにゃくは、コップなどで2cm程度に小さくちぎり、小さじ1強の塩（分量外）でもんで5分程置く。ピーナッツはできれば塩茹でしてから荒みじんに。

② ①のこんにゃくをざっと洗い軽く茹でる。

③ ②を乾煎りし、醤油と米飴を回しかけて焼きつけさます。

④ ③に①のピーナッツ、小麦粉、水、塩を入れて混ぜる。

⑤ 揚げ油を熱して、大きめのスプーンで④をひとすくいずつからりと揚げる。揚げたてに青のりをふる。

④

あったら
役立つ！

part 2 日々の +αに活躍する食材

あると毎日の食事がぐっとおいしく、
食卓のバラエティを広げてくれます。
ますますきれいに（男性は凛々しく）、元気になるための食材たちです。

梅干し

トップアスリートやスーパーモデルも常備する梅干しパワー

身近すぎて見落としがちですが、心身の健康や美容、能力向上に欠かせないのが無添加の漬けものです。さまざまな酵素、食物繊維、各種ビタミン、塩分（良質な漬けものの余剰塩分は排出されやすい）やミネラル類など微量栄養素の宝庫。いくらよいものを食べても、栄養として働かせるには漬けものや味噌スープなどの酵素が必要です。血液やリンパの流れをよくする、新陳代謝を活発にする、老廃物を排出させる、腸内環境を調えるなど多くの働きがあります。ただし、ブドウ糖などの精製糖やアスパルテーム、アミノ酸などが無添加のものを選んでください。日本は狭いようで、地域ごとにじつに多様な漬けものがありますが、まず用意したいのは、春夏に梅干し、秋冬にたくあん(P.56)です。

梅干しは、摂り過ぎた炭水化物を排出しやすくするため、肥満防止効果があります。クエン酸の働きが筋肉疲労の回復を助けます。とくに暑い季節には食材の殺菌、腐敗予防効果、食欲増進に加え、適度に体熱を逃がしてくれます。血液をきれいにし、血栓症予防効果や動脈硬化にもよいほか、心臓、肝臓、小腸のトラブルには欠かせません。つわりや食あたり、頭痛、咳止めにも昔から重宝されてきました。

梅干しは良質の梅を木樽で長期熟成したものを選ぶと味と効果に差がつきます。自分で作るのも楽しく、10年、20年とおいた梅干しになるとなんとも塩がこなれて、若さには決してない魅力があり、人間もそうだったらいいなと思います。

[小田原三年梅干]

３年を経ることで、上記の働きが強まるほか、「季節や外気の変化に沿って、柔軟に変化していく」力を与えてくれる。しっかりしょっぱく酸っぱい、でもまろやかでジューシー。味が重層的で、さすがプロの味。

[お徳用自然梅]

熟成期間はやや短めで、お手頃価格。しかし、完全無農薬の梅を無添加で手間ひまかけ、この若さで見事な熟成ぶり。複雑で繊細、柔らかい味わい。和歌山の自家栽培の梅。

上「オーサワの小田原三年梅干（300g）」オーサワジャパン株式会社
下「お徳用自然梅（200g）」三尾農園

漬けもの　たくあん、しば漬け、べったら漬け

ダイエットの強い味方は免疫力も高めてくれる

この３つの漬けものは、マクロビオティックでない方や自称「漬けもの嫌い」の方でも「おいしい！」とよく驚かれます。秘密はやはり、砂糖や添加物を使わず、代わりに時間をかけてちゃんとした材料で漬けていることではないかと思います。消化を助け、胃腸を丈夫にしてくれるので、疲れやすい人、つい愚痴が多くなってしまう人、口臭の悩みにもおすすめ。

米ぬかに漬けたたくあんには、ビタミンＢや乳酸菌、繊維、ミネラルなど多くの栄養素が詰まっていますが、とくに、免疫に深い関係のあるリンパ液をきれいに、その循環をよくします。現代人は、油・脂肪や乳製品、ひき肉、精製糖などの摂り過ぎでリンパの流れが滞りがちです。そのため、鼻炎や免疫疾患、アレルギー、白血球の異常、じんましん、疲れやすい、うつ症状、肥満などの問題が起きていますし、ウイルスにも弱くなります（潜在的に乳がん、大腸がんを誘発します）。たくあんを玄米とよく噛んで食べると強い効果を発揮します。

しば漬けはマクロビオティックで常食しないなす（「強陰性」）を使った漬けものですが、塩（「強陽性」）としっかり熟成させることで、陰性さがこなれ、逆に夏場に体を適度に冷やしてくれるお助け食材になります。酸味と適度な陰性さが夏の発汗と疲労回復、血液循環を促します。

べったら漬けも一般には砂糖に漬けますが、写真のものは玄米甘酒で漬けてあります。そのため甘さがくどくなく、爽やか、それでいて味に奥行きと複雑さがあってとまりません。大葉などと玄米海苔巻にしてもおいしく、マクロビオティックを取り入れてない方でも大好きです。胃や腸が弱い方、食欲にムラがある方に、とくにおすすめの漬けものです。

上・左「海の精　天日干したくあん　1個詰」海の精株式会社
上・右「べったら漬（150g）」※冬季限定　オーサワジャパン株式会社
下「海の精　しば漬（150g）」海の精株式会社

漬けもの　ザワークラウト、紅しょうが、高菜漬け

味のアクセントになる種類。麺にもよく合う

この３種は、なくてもいいのですが、食卓が楽しくなりますし、それぞれの働きがあります。やはり砂糖など無添加のものを選びましょう。

ザワークラウトは、ドイツの漬けものですが、食の洋風化で日本でもおすすめしたい人が増えてきました。乳酸菌が豊富で抗酸化作用があるので、肉食や乳製品、精製油や精製糖の摂取で悪化した腸内環境、血液の状態を調えてくれます。腸は免疫力や脳の働きと直結しています。硬化した肝臓と膵臓双方に働きかけるので、生理前やつわり、過食・拒食に悩む女性にもおすすめ。また、乳房を美しくする、男性の性欲を亢進させたりと、男女問わず性を象徴する部分に影響がある食品。もちろん自分で作ってもいいのですが、ヨーロッパのキャベツは尖って水分が少なく、国産とはちがう味わい。味噌と煮ものにしてもおいしい。塩分がきつすぎないものを選ぶか、塩抜きをして使ってください。

紅しょうがは、たとえば野菜だけの焼きそばに少し加えるだけでぐっと大人っぽい味になります。比較的、男性や高齢者に好まれやすい漬けものかと思いますが、女性も仕事が忙しくて濃い味が欲しいときなどにおすすめ。イライラや消化不良の緩和、腸や肝臓を調えるのにも役立ちます。しょうがはさまざまな効能を持っていますが、「陰陽 (P.13)」の観点では、摂り過ぎは肝臓に負担になることがあります。紅しょうがは肝臓を助ける梅酢に漬けて、しょうがをたくさん取れるようにした優れもの。外食や油っこいものの摂取が多い方はぜひ。

ムソーの高菜漬けは、浅漬けで、マクロ、ノンマクロ問わず男性にも喜ばれることが多いので常備しています。高菜は、腸の働きを調えて免疫力を高めたり、皮膚を守る効果があるといわれています。

上・左「有機・きざみたかな漬（180g）」ムソー株式会社
上・右「梅酢だけで漬けた紅しょうが（きざみ・60g）」パンドラファーム
下「キューネ　ザワークラウト」ウイングエース株式会社

納豆

納豆が苦手な方にこそ試してほしい伝統の“納豆”

納豆は、ナットウキナーゼが血栓症予防（血液サラサラ）になるほか、骨粗しょう症予防、血圧降下、善玉菌を増やし腸内環境を高めます。陰陽の観点では肺、大腸、呼吸器、という免疫力の最前線を強めること。大気や食べものの汚染が進む現代では、本物の納豆は重要になります。肺、大腸が調うと気持ちも強くなります。

せっかくですので、材料や作りかた、パッケージにこだわり、本当の納豆のおいしさと力を創っているメーカーのものを選びましょう。納豆ってこんなにおいしかったんだ！　と驚くことうけあいです。

原料の黄大豆はそのまま煮ると脂肪が多すぎ、陰性すぎますが発酵させることで脂肪が減り、しかしたんぱく質はたいへん吸収がよくほぼ100％に。成長期の子ども、妊婦、アスリートにも欠かせません。また良質のたんぱく質は鉄分やカルシウムの吸収を助けます。とくにねぎと混ぜるとビタミン類も加わっていっそう吸収がよくなります。ねぎと一緒にカルシウムの多いごまも混ぜるのもおすすめ。

納豆は、醤油だけでなく、いろいろなものを混ぜるとバリエーションが広がって楽しいです。私は梅干しと大葉やパセリ、ときにはとろろも混ぜた納豆も大好きで、ほかにはマスタード、からし、お酢と、組み合わせを楽しんでいます。

［ 保谷納豆 ］

北海道産とカナダ産の有機大豆に、地下150mの地下から汲み上げる富士山系伏流水を使用。炭火で室内を40度以上にし、酸素が不足した状態にじっと納豆たちを耐えさせるとこのおいしさが生まれるそう。免疫力を高め、とくに呼吸器や腸の保護にはかかせません。

［ 川口納豆 ］

北海道と東北の大豆を使用し、基準値を20Bq／kg以下に設けて検査している。近代納豆製法の基礎を確立した村松博士の製法を受け継ぐ。何もかけないでも、納豆だけでもおいしい。タレが無駄についていないところもうれしい。

上「国産炭火カップ3」保谷納豆株式会社
下・左「宮城県産ひきわり三つ折納豆（90g）」
下・右「国産中粒三つ折納豆（90g）」ともに株式会社川口納豆

ふりかけ

揃えるほど楽しくなるご飯のおとも

添加物不使用のふりかけには、消化を助ける、免疫力を高める、ミネラルを補給するなどさまざまなよい効果がありますが、とにかくおいしい。玄米ご飯とスープだけの日も、ふりかけがあるとすごく楽しくなります。1種類だけでなく、ぜひいろいろ混ぜてみてください。おむすびも、いろんな味がすぐできるし麺にも合います。ご紹介したほかに、黒ごまと塩を15：1くらいでごま塩を手作りできると完璧です。

[**わかめふりかけ**]
みんなが大好きになるわかめふりかけ。カルシウムとマグネシウムや繊維の宝庫。お酒や砂糖や菓子類、乳製品の中和にもよい。

[**てっかみそ**]
根菜をごく小さく切って味噌で炒りつけたもの。ここのはひときわおいしいのでぜひお試しを。砂糖やアイス、チョコレート、酒などの中和にもとてもよく、腎臓を助けるので、耳のトラブル、精神的には健全な自信を強めてくれる。免疫力も高める。

[**青のり**]
薬品不使用のため、歯に付着しない。香りがとてもよいので、開けたら風味が飛ぶ前に使い切って。ゆかりや白ごまと和えてもおいしいし、おむすびの側面にたっぷりまぶすのが私は大好きです。鉄分、カルシウム、アミノ酸なども豊富で、植物性食品に少ないビタミンB_{12}も入っているという説も。

[**しそもみじ**]
このゆかりは乾燥しすぎずしっとりしているのが魅力。肝・心機能を調えたり、肌を美しくする。青のりや白ごま、大葉刻みなどと一緒に和えるのも、とくに夏に美味。

[**ローストパンプキンシード**]
ナッツの中でも脂肪が少なく、むくみとりの効果もあるパンプキンシード。ゆかりや梅干しと組み合わせるとさらにおいしい。玄米ご飯や玄米粥にぜひお試しを。歯ごたえも魅力。

[**炒りぬかふりかけ**]
玄米が苦手、という方が、白米や分づき米にかけるのにおすすめ。そのまま食べてもおいしい。昆布入りでちょっと陽性。P.83の石川県六星のおいしいお米のぬか。

上・左「こだわりてっか味噌（65g）」有限会社大口食養村　上・中「青のり（16g）」有限会社加用物産
上・右「炒りぬかふりかけ（30g）」有限会社能登製塩　下・左「しそもみじ（50g）」株式会社創建社
下・中「久司道夫のわかめふりかけ（50g）」有限会社能登製塩
下・右「ローストパンプキンシード（70g）」有限会社ネオファーム

惣菜パン、ラーメン、パスタソース

頼れるインスタント食だからこそ、おいしくてイイものを

ここでご紹介するのは、忙しいとき、「料理があまりできないな、でもちょっとお腹がすいたなあ」というときに活躍してくれるものたち。インスタントにだって、おいしくて化学合成添加物不使用のものもあるんです。

[加藤農園のパン]

みんなが大好きになる発芽玄米の先駆者、加藤農園の具入りパン。具だくさんなのに、化学合成添加物一切不使用。お焼きともちがい、生地がふっくら。種類は、写真の切干大根、ベジドライカレーのほかにも、なす味噌、ピリ辛ごぼう、キャベツ、小豆あん（生地はよもぎ）とさまざまで、1個でかなりのボリュームがあります。蒸し直すのがやっぱりいちばんおいしい。具のないものもあり、それも玄米、黒米、よもぎなど、バリエーション豊か。パンは、食べ過ぎると腸の働きが滞ったり（肩こりや疲労の主原因）、手足の冷え、肌荒れ、批判精神や怒りの感情を増すなどのデメリットも。けれど、このパンは、繊維が多くても軽やかでかつ消化がよいため、マイナスの負担が少ない。あまり噛めない子どもやお年寄りにも。

[インスタントラーメン]

植物性素材100%のインスタントラーメン。同種のラーメンの中ではノンベジタリアンにもおいしいと好評。もちろん、ラーメンばっかりはよくないけれど、添加物も着色料など悪影響が強いものでなく、よりナチュラルなものだけでその量も控えめ、一般のインスタントよりはるかにいい。私は、乾燥わかめやもやしなど手軽な具を加えたり、付属の調味料は半分にし、味噌や醤油で調えます。子どものおやつにも人気。

[アルチェネロのパスタソース]

有機食品メーカーの老舗、イタリアのアルチェネロのソースは、入手しやすく、高すぎず、かつおいしい！　国産ばかりでなく、たまには他所の国の味も入るのが楽しいと個人的には思っています。なお、トマトは「強陰性」で火照りを鎮めたり、魚貝類の「強陽性」さを中和するけれど、むくみや落ち込みやすくする、筋肉を緩めすぎるといった短所もあるので、人参や煮込んだ玉ねぎなど「陽性」な野菜を入れたソースがおすすめ。逆になすやスパイスを入れるとさらに「極陰性」に。味噌や醤油を少しだけ加えてさらに中和する。ソースだけでも、いろいろな具を足してもいい。

上・左「アルチェネロ　有機パスタソース・トスカーナ風（350g）」日仏貿易株式会社
上・中「大根まんじゅう」　上・右「ベジ・かれーまんじゅう」加藤農園株式会社
下「ベジタリアンのためのラーメン　しょうゆ味・みそ味（100g）」桜井食品株式会社

お助け食品　豆ご飯の素、クリームシチューの素、レトルトカレー

「買っておいてよかった！」という日が必ずある

今日はとにかく何も作りたくない、でもわりとしっかり食べたい、というときに助かるものを集めてみました。いずれも、理想の食事から比べると負担になる面はありますが、じかし、一般の加工惣菜などよりうんとマイルドでやさしい。上手に頼って、食生活の改善を続けていきましょう。この忙しい現実社会と食事改善にどう折り合いをつけるか、自分なりのスタイルを見つけることや加工品の質を変えることはとても大事だと思います。

[**豆ご飯の素**]
半分の量でもものすごくおいしい！　コクと旨み、食感の楽しさに主食がすすむので、これを分づき米などと炊いて具だくさんお味噌汁があれば、もう十分に満足できる。わかめふりかけ（P.63）などとの相性もよい。ただし大豆の常食は陰性過剰になるので、毎日は避けましょう！

[**レトルトカレー**]
レトルトを食べるコツは、開封して温めること。カレーは極陰性なので、味噌や醤油を加えてとろ火で煮なおして中和するのがコツ。葛を最初に水溶きして入れて４分くらい煮込んでから味噌や醤油を加えるとさらに胃腸に優しい。動物性なしでも、多くの人に好評のカレー。

[**クリームシチューの素**]
とにかく野菜を切ってざっと炒めて煮込むととってもおいしいおかずシチューのできあがり。普通の乳製品シチューが好きな方も満足しやすいコク。ご飯でもパスタでも合うので助かります。添加物は多いですが、化学合成のものではありません。動物性を使わずこのリッチさはありがたい。通常の３分の２程度の量でも十分なコクです。

上「炊き込みごはん豆ごはん（70g）」有限会社能登製塩
下・左「お米と大豆のコーンシチュールウ（135g）」株式会社創健社
下・右「オーサワのヘルシーカレー　甘口（210g）」オーサワジャパン株式会社

果物ジュース

リラックス＆リフレッシュに、スイーツ作りに欠かせない

濃縮果汁還元ではなく、果汁ストレートの贅沢なジュース。濃縮果汁還元は、砂糖水を飲んでいるのと同じですが、これは果物本来のおいしさと力をもらえるジュースです。ケーキや寒天などを使ったゼリーなどお菓子作りに、ソースの甘味や酸味をつけるときにも活躍します。

柑橘類には主として魚や鶏肉を中和する、りんごには肉類を中和する作用があります。もちろん、たくさんの植物を食べて存在する動物の肉（牛肉1kgに6～10kgの穀物が必要）のそのすべてを中和はできません。けれど、給食や外食などで魚料理や肉のエキスなどを取り入れたときに、これらのジュースを飲むことである程度は中和でき、楽になります。ほかにも、仕事の緊張を緩和したいとき、体が火照るとき、顔色が黄色いときにも欠かせませんし、生理前のストレスも良質のジュースは緩和してくれます。また、通勤や帰宅ラッシュの直後だと、頭蓋骨や体が締まりすぎてすぐに食事、とくに玄米などは食べづらいことがありますが、そういうとき、食前酒代わりに1杯の良質なリンゴジュースを飲むと、リラックスできて食事が入りやすくなります。お酒を減らしたい人にも良質のジュースはおすすめ。

なお、果物ジュースはいくらいいものでも、目や肌ほかに痒みがあるとき、目がかすむとき、むくみ、冷えるときは控えます。「一物全体（P.12）」に反するものなので、本来ときどきのもの。だからある程度高価でよいのだと思います。けれど、精製糖の入ったスポーツドリンクや添加物いっぱいのお酒よりずっと、体にも環境にもやさしい。なお柑橘ジュースは、母乳を苦くするので授乳中妊娠中は控えめに。胃が弱い人もりんごジュースのほうがよいです。

左「りんごのしずく（1000mℓ）」伊藤農園
中「手むき温州みかんジュース（720mℓ）」フルーツバスケット
右「順造選　すりおろしりんご汁（200mℓ）」マルカイコーポレーション㈱

番茶、麦茶

私のかけがえのない喜び、“お茶”時間

毎日のお茶がたまらなく楽しみです。食後のお茶は、ないとつらい。だからこそ、リサイクルしても環境負荷の高いペットボトルより、お気に入りのやかんで毎日沸かしたい。

現在、お茶も放射能汚染が心配される素材のひとつなので、独自基準値を設けているものをおすすめします。加えて、世界的に薬品の使用量が深刻な食材でもあり、気をつけているものを選びましょう。あとは炒りかた。手間をかけて、火を使い焙煎しているところのものがやはりおいしく、種類を問わず体にもよいです。

常飲向きなのが、番茶と麦茶です。とくに、3年育てた三年番茶は、体を温める、血中脂肪を洗い流すなど浄化作用もあるすばらしいお茶。男性にも人気が高いのですが、私も大好きで、毎日手離せません。春夏には麦茶もうれしい。番茶ほどは体を温めず、血液をきれいにしてくれるからです。水出しより粒を煮出したほうが絶対においしい。番茶や麦茶で作る番茶（麦茶）寒天もおすすめです。濃く煮詰めると苦くフルフルでコーヒーゼリーのよう。

紅茶、緑茶、烏龍茶は、体を冷やす作用が強いのでごくまれに。動物性の中和にはしばしば役立ちます。コーヒーは、生殖器、消化器、心臓などへの負担が強い飲みもの。シミの原因にも。

左・上「有機三年番茶（85g）」株式会社わらべ村
右「正食三年番茶 無双番茶　徳用（450g）」
左・下「有機・麦茶（300g）」ともにムソー株式会社

飲みもの　穀物コーヒー、ハーブティー、たんぽぽコーヒー

ノンカフェインのおいしいコーヒー＆ティー

　穀物コーヒーは、ノンカフェインで体を冷やさず温めます。歴史は古く、世界各地で飲まれてきた穀物や木の実を煎って作った飲みもの。コーヒーと名前はついているもののその陰性さはなく、単純にコーヒーの代わりとして期待するとがっかりするかも。けれど、私はときどきこの苦味がとても恋しくなり、よく濃く作ります。主人も大好きです。コツは、少量をお湯で溶き、茶せんなどでよく混ぜてからお湯を注ぐこと。とてもクリーミーになります。いちじく(「極陰」)が入っていないものをできれば選んで。

　ハーブティーは、本来はマクロビオティックでは、陰が強いとしてすすめません。しかし、現代（とくに都心部）生活は、満員電車での移動、時間のスピードが速い、高層ビルでの仕事や暮らし、視界が狭い、味の濃い外食など不自然な陽性化を起こしやすい環境で、人々はお酒や乳脂肪、チョコレート、精製糖など極陰性を欲しがちです。そんなとき、ちょっと強い陰性さをもつハーブティーくらいはあったほうがその香りや影響で、リラックスできると思います。カフェインも入っていませんし、コーヒーよりはマイルドです。薬品を多用していないものを。

　たんぽぽコーヒーは、長く長く下に伸びるたんぽぽの根からできた飲料で、よい意味でたいへん陽性で体を温めます。泌尿器を強め、胆嚢の経絡を浄化するので、甘いものやチョコレート、脂肪の多いもの、乳製品を多く摂ってきた人、むくみやすくぽっちゃり太りな人、足腰が弱い人、自信がない人、優柔不断な人におすすめです。反対に暑い日や片頭痛もちの人は控えたほうがよいでしょう。

上「Garden of the Andes　レモンバームティー（LemonBalm）・ローズヒップティー（Rosehip）」株式会社 PT ハーブス
下・左「穀物コーヒー INKA（150g）」テングナチュラルフーズ
下・右「タンポポ 100（90g）」有限会社エンゼル食品

より
本格的に！

part 3 ひと手間のアレンジ食材

本格的に肉ナシ、乳製品ナシの
マクロビオティック食生活に進みたい人に、
とくに活躍する食材たちです。
主菜として、軽食として、おいしさが広がり、
ますます変化を実感できるでしょう。

雑穀　丸麦、高きび、もちあわ、はと麦、粒蕎麦

個性も栄養も豊かな雑穀たち

　穀物は発想や考えかたにひときわ強い影響力があります。最初は少し難しそうな雑穀ですが、取り入れることで米文化にない着想・イマジネーションが得られ、体への影響も多彩。ただ日本ではほとんどが精白した雑穀なのが難点。米に何種類も混ぜるより、それぞれを単体で、野菜などと料理するのが理想的です。

　丸麦は、五分づき丸麦が手に入りやすいです。麦は開放する「陰性さ」を多く持っていて、米と対極の働きです。ぜひ、粉より粒で取り入れましょう。小麦アレルギーの人も、炊いた麦粒なら反応しないことがあります。とくに肝臓にいい穀物で、新しいものへの興味を高めます。玄米と炊いたり、野菜と煮込んでシチューにします。

　高きびは、弾力ある食感とかすかな苦みが魅力で、心臓や不整脈、動脈硬化など血液のトラブルなどによい雑穀。安定や寛容性を生む力も。ひき肉のイメージで麻婆風、つくね風料理によく用いられます。

　もちあわは、じっくり弱火にかけると、とろとろ、たいへんクリーミーになります。全身の「気」の循環をよくし、脾臓、膵臓、胃を調える作用があり、ここが弱ると考えすぎ、批判的、心配性に。もち種といな種があり、アレルギーのときには痒みが増すのでいな種にしましょう。

　はと麦は、穀物より野菜に分類されることも。水分を保ちしっとりさせる働きがあるので乾燥肌の人、痩せすぎの女性に。ただし食べ過ぎると、リンパや胸周り、下半身の循環が悪くなるので注意して。生理前のイライラにアプリコットや豆乳などと甘く炊くととてもリラックスできます。

　蕎麦のハート形が特徴の粒蕎麦は、「陽性」の引き締める力を与えます。砂糖や牛乳、スパイスをたくさん摂って足腰が弱い、ぽっちゃり太りでむくみがち、優柔不断で人見知りが激しい、という方に。男性を強める働きも。

左上から時計回りに粒蕎麦、高きび、はと麦、もちあわ、丸麦。使うコツはよく洗ってえぐみを取ること。

麻婆風高きびご飯

高きびのむにむにした食感とツルンとした苦み、豆腐の組み合わせがなんともおいしい。

材料（2人分）

絹豆腐……1/2丁（できれば水切りしておく）

高きび……1/2カップ　（洗ってAに1時間以上浸しておく）

A

- 昆布……3×5cm
- どんこ……1個
- 水……400cc

玉ねぎ……小1個

しょうが……7g

ごま油……小さじ1～2

麦味噌……大さじ1.5

醤油……大さじ2

マスタード……小さじ1

小ねぎ……少々

メープルシロップ（好みで）……小さじ1

① 玉ねぎはみじん切り、しょうがは皮をむいて細く切る。

② 鍋にごま油としょうがを温めたら、玉ねぎを入れて、できるだけかき混ぜずに臭みを飛ばす。

③ 臭みが飛んだら、高きびと浸した水Aも入れ、沸騰しそうになったら弱火にして蓋をして30分炊く。

④ 麦味噌、醤油、メープルシロップ、マスタードで味を調え、豆腐を加え弱火で2、3分煮る。

⑤ 器によそい、たっぷりの小ねぎを散らす。

memo 分づき米や白ご飯にかけてもおいしい。味が物足りない男性には、女性のぶんを取り出した後、醤油を小さじ1程度回しかけるか、豆味噌を溶き加えて煮立てないように30秒程煮たら火からおろすとなおよい。体には負担になるが、初心者は唐辛子やにんにくを加えて風味を強くしても。それでもひき肉を使うよりはマイルドなので、少しずつ味覚が変わるのに合わせて味を調えるとよい。

粒蕎麦サラダ

そばを粒で食べると麺よりいっそう体によく、異なる味わい。
サラダ感覚でどうぞ。

材料（作りやすい分量）

粒蕎麦 …… $\frac{3}{4}$カップ
かぼちゃ …… 小（約60g）
パプリカ …… $\frac{1}{2}$個
薄口醤油 …… 大さじ1
米飴 …… 大さじ1
しょうが汁 …… 大さじ2

① 粒蕎麦は洗う。かぼちゃとパプリカはやや大きめのさいの目切りにし、パプリカには塩をひとつまみふっておく。

② 鍋に①のかぼちゃ、粒蕎麦と2カップの水（分量外）を入れて火にかける。沸騰しそうになったら、塩をひとつまみふり、火を弱めて蓋をして20分炊く。

③ 小鍋で、薄口醤油と米飴、水大さじ1（分量外）を沸騰しないように煮溶かし、最後にしょうが汁を加えてすぐ火をとめる。

④ ②が炊けたら、①のパプリカを水気を切って③と和える。

memo 最後に、刻みパセリやローストパンプキンシードなどを散らしても。粒蕎麦は、腎臓や心臓、膀胱、子宮の病気の一部、むくみやじんましん、冷え、耳の悩みにもよい。

餅

お正月だけじゃもったいない、日本が誇るパワーフード

穀物の手軽な加工品、餅。寒い季節には体を温め、食感もよく、みなさん大好きなのではないでしょうか。運動量の多い人や育ちざかりの子ども、青年期、授乳中の女性にも欠かせません。手作りが縁遠くなった今、いいお米を粉ではなく粒から用い、しっかり搗いてある餅を選びましょう。餅そのものの甘味や崩れにくさがまったくちがい、それでいて喉につかえにくくて食べやすいです。小さく切っておじやに入れたり、スライスしてしゃぶしゃぶ餅にしたり、油揚げに入れた巾着餅もおいしい。

餅選びは、白餅だけでなく玄米餅も取り入れるのをおすすめします。味も玄米餅のほうが、餅そのものの甘みが強く、噛み切りやすくて私は好きです。ただ、玄米餅は真空パックタイプだとたいへんもたれやすいものも見られます。メーカーによるのですが、たとえば写真のオーサワの発芽玄米餅は、大体食べやすく消化もいいです。なかでもイチオシは、加藤農園の玄米餅。しっかりおいしい味がするのに柔らかくて、もたれないし重くない。どなたにも一度は試していただきたいです。毎年２月頃の加藤農園の風物詩がなまこ餅シリーズ。あおさ、黒豆、アーモンド、黒米などバリエーション豊か。薄く切るのと厚く切るので風味が変わって楽しい。

六星のお餅セットは、白餅、よもぎ餅、豆餅、高きび餅、あわ餅と５種類いろいろな味と色の美しさが楽しめます。元々米作りなど農業が主体の会社で、自慢の米を使ったとてもおいしい餅。ひとつの種類で５枚入り10枚入りもあります。私は高きび餅も大好きなのですが、いちばん人気は黒豆餅でしょうか。何もつけなくてもおいしいです。なお、よもぎ餅は民間療法で放射線の害からの回復を助ける作用があるといわれています。よもぎは心臓や血液の浄化、生殖器にもいいですね。

上「オーサワの有機活性発芽玄米餅（300g・6個入）」オーサワジャパン株式会社
中・左「発芽玄米なまこ餅（青のり・500g）」※冬期のみ　加藤農園株式会社
中・右「斗棒餅ミックス（5枚入）」株式会社六星　　下「活性発芽玄米餅（400g・8切れ）」 加藤農園株式会社

麺　うどん、冷や麦

みんなが大好きな、麺料理をさらにおいしく

人気の麺料理。そばにちゃんぽん、フォーにビーフン、ラーメンと世界中の麺料理を取り入れるほど、日本人は麺が大好き。まずは、身近な小麦を使ったうどんや冷や麦などから変えてみませんか。

おいしい麺は、外国産の麦ではなく特別栽培など手をかけた国産麦を使っていることが多いです。海外の麦より日本の麦は水分が多く、麺やまんじゅうなどに適しているのだとか。麦も放射能汚染が心配される現在、写真の２社は、独自の基準値を設けています。

おすすめは、麺にも「一物全体(P.12)」丸ごとを取り入れること。麺そのものの味がきっとクセになります。ただ、最初の頃は「うどん」といえば柔らかいイメージが強いため、慣れないかもしれません。その場合、まずは精白麺に３割くらい混ぜたり、徐々に親しんではいかがでしょうか。精白麺より小麦の味がしっかりして、塩分が浸透しにくいので、ざるうどんのときは薬味をいろいろ用意して、かけうどんのときもさまざまな具と調理したほうが喜ばれるようです。私自身はこの全粒麺の噛み応えと風味が大好きです。伸びにくいので、あえて多く茹でて、半分残して翌日まで冷蔵庫で保存。朝、さっと焼きうどんにしてお弁当にしてもくたっとしないのは全粒麺ならでは。

それから、小麦製品の横綱だと思うのが金子製麺。ひとつは柔らかさを楽しみたいときにうれしい生うどん。全粒ではありませんが完全精白でもなく、お米でいう「分づき米」のような具合です（付属の麺つゆはベジタリアン使用ではありません)。珍しい全粒冷や麦も。これは、「精白した普通の冷や麦より断然こっちのほうがおいしい！」とファンになる人多数。金子製麺は、ほかにもそうめんやいろいろな商品がありぜひおすすめしたいです。P.126に餃子と春巻きの皮を紹介しています。

上・左「季穂　全粒粉ひやむぎ（250g）」※夏季限定　有限会社金子製麺
上・右「手づくりうどん（250g）」オーサワジャパン株式会社
下「季穂　生うどん　太麺（130g × 2）」有限会社金子製麺

麺　パスタ

比べてほしい食べ応えと麦の旨み

もうひとつ、みんなが大好きな麺といえばパスタ。同じ「小麦」という穀物に対して、日本のうどんやそうめんとは異なる発想が楽しい。

パスタもやはり、原料にこだわったところのものを選ぶことからはじめますが、同時に製法のちがいも考えます。やはり時間をかけて昔ながらの練り出し、熟成させる方法で作っているパスタのほうが、圧倒的においしい。丁寧に作られたものは、素材そのものに本来の味と魅力があるので、肉やチーズなど動物性の味付けより、それを引きたてるような植物性の組み合わせをしたくなる気がします。

この数年気に入っているのが、イタリア初の有機農業組合をはじめたジロロモーニ氏ブランドのパスタです。26時間かけて低温乾燥させていて、茹であがりがしっかりしているのに柔らかい。パスタは全粒だとどうしてもぼそぼそして食べづらくなりやすいですが、この全粒パスタはなめらかです。精白麺と共にP.28の「カンホアの塩」との相性がとてもよく、しっかり塩茹でして、野菜と炒めたり、たまにはトマト味噌ソースとからめたり豆乳クリームで和えたりいろいろと楽しめます。

さらに、おいしいパスタでおすすめなのが、むそう商事が輸入しているスパイラルパスタ。軽い口当たりでいながら麺そのものにしっかり旨みがあります。たとえば味噌汁の残りと弱火で煮込んだりしても手軽な軽食としておいしい。とくに、とうもろこしやかぼちゃなどを入れた甘い洋風な味噌汁とよく合います。こちらも低温熟成しているので伸びにくく、パスタサラダにして時間が経ってからでもおいしいです。豆乳を使ったスープに入れてスープパスタにしても美味。全粒なのに軽やかさがあるアサクラのフジッリを何割か混ぜると、より食物繊維やミネラルを取り込んで、血糖値の急上昇と急降下、精白炭水化物が原因の肥満を防げますし、香ばしさが加わります。

左・上「オーガニックパスタ フジッリ（500g）」株式会社むそう商事
左・下「サラゴッラ小麦のフジッリ（240g）」アサクラ
右「ジーノ・ジロロモーニ　デュラム小麦　有機スパゲッティーニ（500g）」
「ジーノ・ジロロモーニ　全粒粉デュラム小麦有機スパゲッティ（500g）」ともに株式会社創健社

豆　ヒヨコ豆、レンズ豆、小豆、黒豆

「豆々しく」働ける豆はこの４種

　野菜にはないボリュームと食感を加えるのが豆類。貴重なたんぱく源でビタミンや繊維も豊富です。やはり、土壌づくりや種にこだわったものを選びましょう。

　常食に向く豆製品は味噌など加熱後発酵させた食品たちのほか、以下の４種類。豆は比較的消化が難しい食材なので、食べ過ぎると腸が緩んでガスが溜まり、代謝が悪くなっていろいろなトラブルが出てきます。あくまで食事全体の10％程度を目安に。ベジタリアンに切り替えて、豆類の食べ過ぎで失敗する人はわりと多いのです。とくに脂肪の多い、たとえば白インゲン豆や黄大豆、キドニービーンなどはときどきにし、常食しないようにしましょう。

　ヒヨコ豆は４つのなかでいちばん緩める力が強い（「陰性」）ので、痩せすぎや歯ぎしり、片頭痛や肌の黄色化で悩んでいる女性におすすめ。適度に体を冷やすので、夏には欠かせません。マッシュサラダやホクホクした食感をいかしたコロッケ（ファラフェル）も美味。ヒヨコ豆は、戻した汁と煮たときに浮くアクは捨てて脂肪を減らします。

　レンズ豆も西洋では非常に歴史が古い豆で、戻さずすぐに使えます。キャベツや人参、麦などとのシチューは西洋伝統の定番メニュー。肝臓を助ける効果があります。疲れ目に、お汁粉やマッシュしてもおいしい。

　日本で歴史の古い小豆は精製糖や乳脂肪、水分過剰など「極陰」の中和と排出に効果があります。北方で育った小豆がよく効きます。とくに、新月の日に小豆玄米ご飯を黒ごま塩と食べると、生殖器や腎臓、泌尿器、リンパの浄化作用があります。むくみとりや肥満、糖尿病、肺や大腸の病気にもいい素材です。あんこやぜんざい、羊羹にとスイーツにも大活躍。

　黒豆は、乾煎りして少しの昆布と黒豆玄米ご飯にすると、体がとても温まります。ぜんそくや乳房、リンパの状態の改善にも役立ちます。

左上から時計回りにヒヨコ豆、黒豆、小豆、レンズ豆

豆乳、豆腐

自然な甘みとまろやかさがちがう

　豆乳は、丸大豆のみを原材料とする無調整豆乳を選びます。いい丸大豆から絞った豆乳なら、そのものに甘味とコクがあり、添加物がなくてもおいしいものです。市販品の多くは材料表示を見ると、たくさんの添加物が加えられているのがわかります。選びかたのもうひとつのコツは目的。豆腐ができるほど濃厚なものは、豆乳を使ったスイーツ作りには不向き。写真のマルサンアイの豆乳は、スイーツやポタージュなど万能に使いやすいです。なお、健康食材のイメージが強い豆乳ですが、じつは消化があまりよくありません。生食や毎日用いることはやめましょう。「一物全体（P.12）」に反し、大豆の中の「陰性」な部分だけを抽出した液体でとても体が冷えますし、胃腸が緩みすぎて消化力が落ちます。とくに、男性は豆乳を用いたスイーツの摂り過ぎは弱ります。新生児のミルク代わりにも決してしないでください。

「陰」が強い豆乳に、「陽」のにがりを加えて、中庸に近くなったのが豆腐です。湯豆腐、冷奴はもちろん、白和えひとつでも、和える素材だけでなく、薄口醤油、ごま、くるみ、梅干し、わさびなど何を一緒にするかで変化をつけられます。水切りした豆腐はスクランブルエッグ感覚でいろいろな具と炒めたり、スライスしてオーブンやグリルで焼いてもいい。味噌漬けにして豆腐チーズに、甘味料と豆腐クリームにと、豆腐はメニューがとても多彩な素材です。適度に体を冷やすので夏には欠かせませんし、肝臓や心臓の働きも助けてくれます。とくに肉や卵、焼き魚を多く摂ってきた人にはおすすめです。陰性さは女性ホルモンの働きも助けます。

写真の大豆屋の豆腐のように、消泡剤や貝カルシウムなどが入らず、いい大豆とにがりだけを使っているものを選びましょう。豆の甘みがよく打ち出されていながら余計な味はなく、しっかり崩れにくい豆腐です。

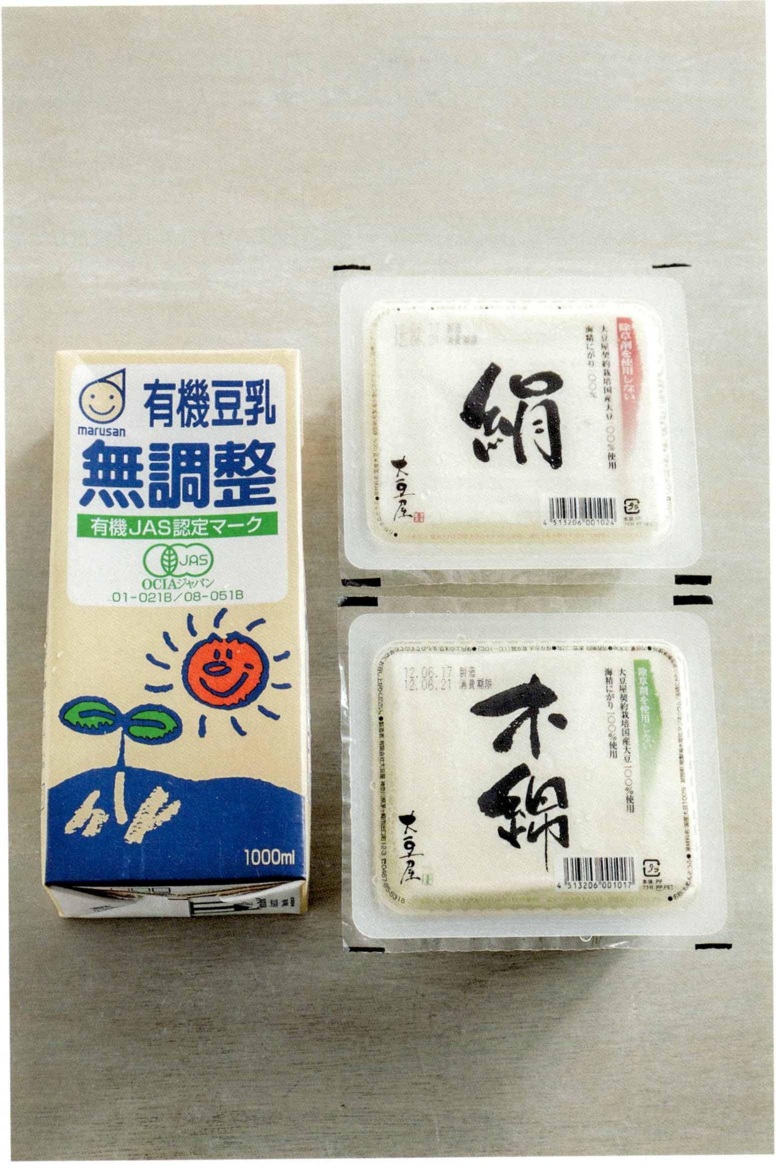

左「有機豆乳　無調整（1000mℓ）」マルサンアイ株式会社
右「木綿豆腐・絹豆腐（各 330g）」有限会社大豆屋

大豆製品　厚揚げ、がんも、油揚げ

日々のおかずにも、お酒のおともにも

自然食業界で知らない人はいないほど有名な三之助豆腐。食を見直そうと意識しはじめたとき、ここの豆腐が、最初の一品だったという人もきっと多いでしょう。2006年から日清食品と業務提携し、質の維持と量産の難題に取り組む老舗です。

なかでも人気は三之助の油揚げ。油の質がよいため、湯通ししなくていい油揚げとして知られています。実際、製造日から時間が経っても、ぎとぎとしたり嫌なにおいがしません。油揚げの湯通しのひと手間が要らないのは、忙しい毎日では本当に助かります。焼きそばや焼きうどんなど炒めものに、野菜だけでは物足りないとき、コクと食べ応えが加わります。油揚げの素焼きもおいしいです。焼き網で焼きながら、返すたびにキッチンペーパーで油をとんとんと吸うとカリッと仕上がって、これに大根おろし、ねぎ、ぽん酢だけでうれしいひと品。厚揚げ（三之助揚げ）は、木綿より写真の絹のほうが柔らかい。煮ものにたいへん味染みがよいし、さっと湯がいて、煮びたしと重ねても。木綿の厚揚げはほぐして炒めたり、よく味噌漬けにしています。

それから、三之助豆腐は、いろいろながんも、飛龍頭の多彩さが楽しい。ごぼうがんも、枝豆がんも、百合根、かぼちゃ、しめじほか、季節でいろいろなものが並びます。写真のたまねぎがんもはジューシーで二度揚げしたようなコクがあり、これを焼いてわさびやおろしねぎにぽん酢を垂らすだけで、忙しいときに助かるおかずに。パンに挟んでも美味。

ただ、油揚げも含め、確かに肉や乳製品、添加物が多い加工品よりずっとずっとヘルシーですが、揚げた大豆製品ですので、毎日たくさん摂り続けるのはさすがに負担になります。

上・左「三之助揚げ（2個入り）」　上・右「三之助　たまねぎがんも（1枚入り）」
下「三之助　油あげ（2枚入り）」すべてもぎ豆腐店株式会社

大豆製品　高野豆腐、テンペ

ジュワッとおいしい高野豆腐、ガブッとおいしいテンペ

常食に向いている大豆の加工品は納豆、味噌のほかはこのふたつ。脂肪の多い黄大豆は摂り過ぎると腸を緩め、腸が緩むと肝臓や脳神経、呼吸器の働きも落ちてきます。腸の働きを助けるのは食物繊維と酵素などバクテリア。だから黄大豆製品は、油や脂肪が少なく、繊維が多いもの、もしくは酵素を多く含むものがおすすめです。

高野豆腐は、お腹を緩める重曹が入っていないタイプを選びます。ちょっと固く感じるかもしれませんが、慣れると逆にこの食べ応えと甘さが魅力でやめられなくなります。高野豆腐は、繊維も多いですが、たんぱく質、カルシウム、鉄分を豊富に含む優れた食品です。カロリーも意外と高いのですが、ただ、だから太ると思わないでください。肉と異なり栄養豊富、かつ排出されやすいので、必要なエネルギーとして燃焼され脂肪として蓄積はされにくいのです。煮もののほか、揚げものにも、戻してミキサーで砕いてそぼろにしても使えるすぐれものです。とくに秋冬向きの食材。

テンペは亜熱帯地域の発酵大豆で、納豆より陰性な発酵食品。そのためか、比較的女性が好み、男性は好き嫌いが分かれます。軽く油焼きするとおいしい。その後肉代わりに煮込んでもいいし、男性でも油焼きして野菜と炒め、味噌などで味付けすると喜ばれることが多いです。鶏肉や卵の摂り過ぎの方にとくにおすすめの食材。

[プランニング・エメのテンペ]

臭みが少なく万人受けしやすい。カットして、油焼きし、醤油と米飴やしょうが汁を回しかけるだけで、おいしい照り焼きテンペに。お弁当のおかずにもいいし、パンに挟んでもいい。醤油でなく味噌みりんや味噌しょうが、ねぎ味噌などにも合う。

[登喜和食品のてんぺ]

生仕立てと分厚さでまったくちがう味わい。国産の安全な豆、もちろん製法にこだわっていて、豆自体のおいしさを丸ごといただく風味。素揚げかこちらも油焼きしてから煮込みにも。生食は避けて。

左「有機大豆使用　にがり高野豆腐（6枚入・103g）」ムソー株式会社
右・上「生てんぺ（100g）」株式会社登喜和食品
右・下「おいしいテンペ（100g）」有限会社プランニング・エメ

小麦たんぱく　麩

サクサク、ムニムニなど食感のバラエティーがポイント

良質なたんぱく源として欠かせないのが、豆類のほかに小麦製品です。豆類は摂り過ぎると腸が緩み、動物性たんぱく質ほどではありませんが、疲れやすくなったり、怒りっぽくなることもあります。

植物性たんぱく質は、複数の材料から摂ることで効率よく、動物性たんぱく質と異なり、腸や腎臓、肝臓などに負担をかけません。さらに植物性たんぱく製品を上手に使うことで、野菜にはない食感や食べ応え、満足感を得られます。

[**生麩**]
乾燥していない生麩は、その食感が魅力。食感というのは重要な要素で、食感がワンパターンだと、歯から脳や胸筋に受ける振動も同様で、バランスを崩しやすく欲求不満になりやすい。練り上げる手間を惜しまず弾力があるので、簡便な方法で作られた生麩とはちがう。ソテーした甘辛焼きは簡単で満足度高め。お弁当にも。

[**板麩**]
板麩の中でも、これは肉厚なのと、香ばしさが魅力。味噌汁やおすましはもちろん、炒めものにベーコンなどの代わりとして使える。雑穀などを包んで焼いたり、細く切って酢のものにも。

[**おつゆ麩**]
そのままでもよく小麦のおいしさが感じられる。車麩や板麩より口当たりが柔らかいので、乾物が苦手に感じるときも食べやすい。豆乳や白味噌とグラタン風や、素揚げして砕いてポタージュのクルトン代わりなど洋風メニューにも合う。乾燥麩のなかでは軽く、おやつにも使える。たとえば軽い油で炒めて米飴で煮詰めてもおいしい。大人っぽくしたかったらシナモン風味を。豆腐クリームやフルーツと重ねてパフェ風にも。

[**車麩**]
麩も精白ではなく全粒を選びたい。これを食べると普通の麩の味ではコクといい、ボリューム感といい、物足りないくらい。鍋に入れてもおいしく、油との相性も抜群なので、素揚げしてからの煮ものや、車麩カツ、車麩ステーキなどもジューシー。

上・左「生粟麩」　上・右「生草麩」ともにAFC正直村
下・左「車麩（12枚）」オーサワジャパン株式会社
下・中「南部手焼板麩（5枚）」羽沢耕悦商店　下・右「おつゆ麩」有限会社柳屋

照り焼きテンペサンド

マクロビオティックだってこんなメニューも楽しめる。テンペは油を少し使ったほうがおいしい。

材料（1人分）
テンペ（100g）……1枚
パン……1枚（無添加、天然酵母が望ましい。厚さ4㎝くらい）
レタスまたはサニーレタス……1/2〜1枚
菜種サラダ油……小さじ1/2
醤油……大さじ1〜1.5
米飴……大さじ1
ごまペーストまたはピーナッツペースト……大さじ1程度
マスタード……大さじ1程度

① テンペは半分に切る。鍋に油を熱し、両面焼いたら、醤油と米飴を回しかけ、鍋端から水小さじ2くらいを入れてからめながら煮切る。
② パンは半分に切り込みを入れて蒸す（または軽く焼く）。ペーストを塗って、レタスと①、マスタードを挟む。

memo パンは焼くより蒸すほうがおすすめ。一般のパンは添加物がたいへん多いため、必ず裏の表示を見て良質のものを選んで。
ただし、どんなに良質なものでも、パン、マフィンなど高温でベークした粉類は、摂り過ぎると胃腸や膵臓、肝臓の働きが悪くなる。週1までを目安に。

生麩ステーキ

もちもちの生麩ステーキはみんな大好き。簡単なのもうれしい。

材料（2～3人分）

生粟麩 …… 1本
菜種サラダ油 …… 小さじ2
醤油 …… 大さじ1強
米飴 …… 大さじ1
水 …… 大さじ1
粉わさび …… 小さじ2（練っておく）

① 生麩は1.5cm幅程度でカットする。

② フライパンに油を熱し、①の両面を焼いたら、水数滴（分量外）をかけ、蓋をして弱火にして2分くらい焼く。

③ 醤油と米飴、水を回しかけて、軽く煮詰める。好みでわさびを添える。

大豆たんぱく

低カロリー＆低脂肪。環境にもやさしい

動物性たんぱく質の摂取をやめると、驚くほど体や顔、体臭、気持ちが変わりはじめます。1997年、ADA（アメリカ合衆国栄養学会）が発表した"Health Implications of Vegetarianism"や、『葬られた「第二のマクガバン報告」』（T・コリン・キャンベル、トーマス・M・キャンベル著　松田麻美子訳　グスコー出版）には動物性たんぱくの悪影響が詳しく論じられています。現在、乳牛含め多くの家畜の飼料は遺伝子組み換えのものです。生産するのに8〜10倍の穀物を必要とする肉の大量消費は、世界の食糧不足の主原因であり、集約型畜産には、大量の電気、水、薬品を用いるため、水資源の略奪戦、森林破壊を生みます。FAO（国際連合食糧農業機関）によれば、世界の飢餓人口は毎年約10億人にのぼり、一方、WHO（世界保健機関）は世界の10億人が食べ過ぎであるとしています。肉食を減らすことは、自分だけでなく、環境や社会の未来のためでもあるのです。

けれど、鶏のから揚げや肉のそぼろのようなものを食べたいな、というときもあります。そこで活用されるのが大豆たんぱくの加工品です。形状もから揚げや酢豚風に活用できるブロックタイプ、生姜焼きなどにする薄切りタイプ、ひき肉代わりに使えるそぼろ状のものと３種あるのですが、このから揚げはなかなか人気があって、お客さまや子どもたちにも好評です。

色が濃いものほど大豆の臭みがあるので、お湯で茹でこぼして、ぬるま湯で洗いよく戻します。戻しかたが足りないと高温乾燥の収縮状態をそのまま取り込み、胃腸に負担にになるので注意してください。また、臭みを取るためにしょうがや日本酒などを用いるのが私は好きです。そぼろ状のものは、下ごしらえが比較的短時間でできます。色が薄くふっくらしたタイプは、そのまま下味をつけてもあまり臭みが気になりません。こちらは濃いものより柔らかく負担にもなりにくい。ただ、いずれもあくまで加工品なので連続しては食べないで。

上「オーサワの大豆ミート　から揚げ風（90g）」　中「オーサワの大豆ミート　バラ肉風（90g）」
下「オーサワの大豆ミート　ひき肉風（90g）」すべてオーサワジャパン株式会社
左「大豆からあげ（80g）」株式会社寿草 JS

大豆たんぱくフライ

鶏のから揚げ風になる人気の大豆たんぱくのフライ。
カリッとムニッとおいしく作ろう。

材料（2人分）

大豆たんぱく ブロックタイプ …… 50g

A
- 水 …… 300cc程度
- 昆布 …… 5×7cm
- 干ししいたけ …… 1個
- てんさい糖 …… 大さじ1（または米飴大さじ1.5）
- 醤油2〜3種類 …… 合わせて大さじ2〜3
- 日本酒 …… 小さじ1
- しょうがスライス …… 5枚

全粒薄力粉 …… 約大さじ3
精白薄力粉 …… 1/2カップ
水 …… 約1/3カップ
自然塩 …… ひとつまみ
菜種サラダ油とごま油を7：3くらいで揚げ油に

下ごしらえ

大豆たんぱくは、P.100でも紹介したような色が濃くにおいが強いタイプは、ぬるま湯で戻して茹で、必要があればさらに湯通しし、ざるにあげて水気を絞っておく。色が薄くよく膨らんだタイプはそのままでよい。

① 混ぜておいたAに下ごしらえ後の大豆たんぱくを浸してひと晩（または3時間以上）おいて、火にかける。
② 沸騰してきたら落し蓋をして、ときどき全体を混ぜ、最後は落し蓋も取って煮切る。
③ 軽く絞った②に全粒薄力粉をまぶす。揚げ油を温める。
④ 塩と精白薄力粉と水を溶いたものに③をくぐらせ、べとつかないように揚げる。

memo 何度もひっくり返しすぎる、一度に入れすぎるなどで温度が下がるか、最後の油切りをきちんとしていないとべっとりするので注意。③で冷凍保存できる。

①

④

大豆たんぱくのしょうが焼き

フライより手軽にできるしょうが焼き。お弁当にも。

材料（2～3人分）

大豆たんぱく　スライスタイプ……40g

A

- 水……100cc
- 昆布……3×5cm
- 干ししいたけ（小）……1個
- 醤油……大さじ$1\frac{1}{2}$
- てんさい糖……小さじ1
- しょうが……20～30g

玉ねぎ（大）……1個

菜種サラダ油……小さじ1

① 大豆たんぱくは、ぬるま湯に入れて、3～5分おいてから火にかけ茹でてざるにあげ、水気を切る。

② 小鍋にAと①を入れて3～5分くらい煮る。

③ その間に玉ねぎはスライス（P.39　回し切りを参照）する。しょうがは皮をこそげて千切りにする。

④ フライパンに油を熱し、とり出した②の両面を焼いて取り出す。

⑤ 同じフライパンに少し水を足して沸騰したら、③を広げるように入れ、ツーンとした香りが飛んだら、ときどき返してしんなりするまで弱火で煮る。

⑥ ④を戻して、しょうがを散らし、煮汁の残りを回しかけて、煮詰める。

memo できれば昆布と干ししいたけをあらかじめ水に浸しておけるとなおおいしい。昆布と干ししいたけは⑥の途中で取り出して刻んで戻すか、佃煮などに使う。

暮らしの工夫や知恵のあれこれ

COMODO
シリーズ

COMODO
LIFE BOOK

COMODO
CARE BOOK

〈好評発売中〉

技術評論社

【COMODO(伊)】気楽に、落ち着く

安定した生活をつづけることが容易ではない昨今、
自身をみつめ、生きかた、働きかたなど
それぞれの足場をみなおすことが切実に求められています。

COMODO・コモドシリーズは、「衣・食・住」を軸として
日々の営みのなかで必要とされる手段や考えかたを
ときにはその道のプロのことばで
ときにはさまざまな人のスタイルで紹介します。

——これから大切なのは、自分にとって
必要なものと必要でないものを吟味しながら
創造的に生きること、
多少遠回りになったとしても立ち止まって考えること。

その手がかりとして、ふとしたときに参照できる
暮らしの工夫や知恵を届けていきたいと考えます。

COMODO編集部

COMODOシリーズは内容に応じてロゴが異なります。

[COMODO ライフブック]……日々の生きかた、考えかたのものさしになるような読み物・エッセイ。
[COMODO ケアブック]……流行にとらわれず、ていねいに探す、使う、手入れする方法いろいろ。

【仕様】A5判・並製／価格：1400〜1600円／ページ数：120〜208ページ／ロゴデザイン：葛西 恵

好評発売中！

『わたしらしさのメイク　——装いとバリエーション』

COMODO
CARE BOOK

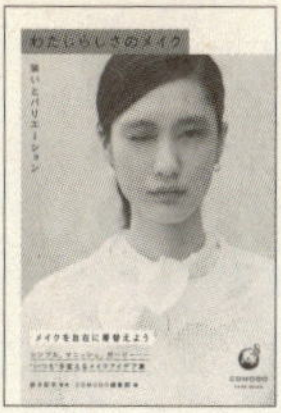

鈴木紀子　監修／COMODO 編集部・編
本体 1480 円＋税／112 ページ／ISBN978-4-7741-5165-6

大人の女性が「自分らしさ」を出すためのメイクの手引き。

——洋服を着替えるようにメイクも変える。「キャッツアイ」や「真っ赤なリップ」はじめ、チャームポイントの生かし方や気にしている部分などを魅力的に見せる工夫、個性の出すコツなど装いにあわせたメイクのヒントがわかります。

『10 年着るための衣類ケアブック　——おしゃれと手入れの楽しみかた』

COMODO
CARE BOOK

石川理恵　取材・文／COMODO 編集部・編
本体 1480 円＋税／144 ページ／ISBN978-4-7741-5034-5

「せっかく買うなら 10 年着たい」「できるだけ自宅で手入れしたい」、そんなときのケアガイド

手入れの仕方をまちがって、洋服をダメにした経験のある人は多いはず……。服にやさしいナチュラルクリーニングや繕いやリフォームなど、自分らしい洗濯やお直しの方法を見つけましょう。

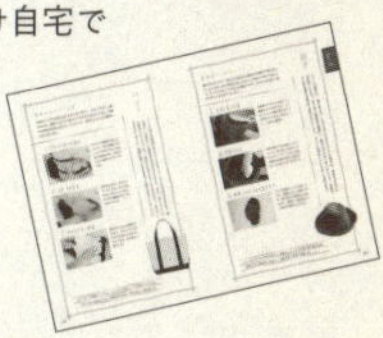

『たのしい下着　——もっと自由に選ぶ下着のレッスン』

COMODO
CARE BOOK

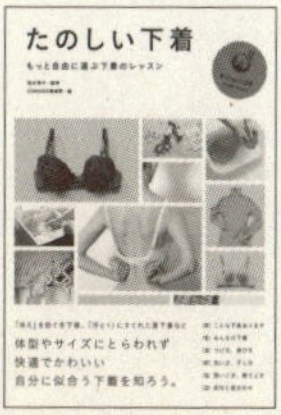

浅井明子・監修／COMODO 編集部・編
本体 1480 円＋税／120 ページ／ISBN978-4-7741-4899-1

サイズや体型にとらわれない。快適でかわいい、自分の身体に合った下着を知ろう。

ブラジャー＆ショーツ、キャミソール etc …、冷えや生理痛に負けないアイテムや洗い方、干し方、収納も網羅。大人の女性にこそ読んでほしい、あたらしい下着のたのしみをみつける本。

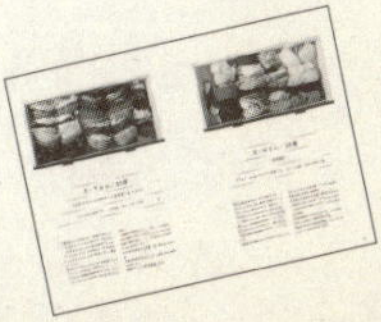

『足もとのおしゃれとケア　――靴えらび・足の悩み・手入れのいろは』

COMODO
CARE BOOK

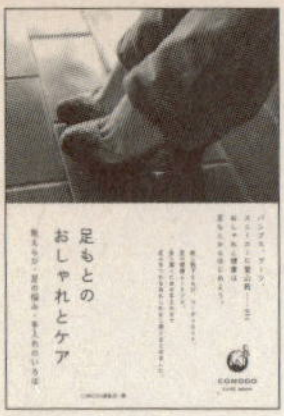

COMODO編集部・編
本体1580円＋税／160ページ／ISBN978-4-7741-4841-0

パンプス、ブーツ、スニーカーに登山靴……
おしゃれと健康は足もとからはじめよう。

コーディネイトや足の健康、靴と靴下えらび、長く履くための手入れまで、足にまつわる悩みやひと工夫を集めたケアブック。デザイナーから料理家まで、さまざまなこだわりの足もとも紹介しています。

『みえないもののうらがわは？　――暮らしの道しるべ覚書』

COMODO
LIFE BOOK

広田千悦子・著
本体1580円＋税／136ページ／ISBN978-4-7741-4840-3

目先のことにとらわれがちな現代を、
軽やかに、粋に生き抜くための備忘録。

「海岸の漂流物の成り立ちは？」「トンボはどこからどこへ移動するの？」ほか、普段はそれほど気にはとめない日常に目を向けて、いつもとは違う視点でものごとをとらえると、おもしろい側面や規則性が浮かびあがります。

◉技術評論社の暮らしの本・好評発売中！

広田千悦子の「おうち」シリーズ(本体各1480円＋税)

『おうちで楽しむ　にほんの行事』ISBN978-4-7741-2952-5
『おうちで楽しむ　にほんのもてなし』ISBN978-4-7741-3662-2
『おうちで楽しむ　にほんの習わし』ISBN978-4-7741-4093-3

『アロマテラピー学習帖』

アロマテラピーの学校　本体2180円＋税　ISBN978-4-7741-4211-1

『普段に生かすにほんの台所道具』

吉田揚子・取材、文／佐野 絵里子・絵　本体1480円＋税
ISBN978-4-7741-3210-5

『マクロビオティックのお買いもの』

奥津典子　本体1680円＋税　ISBN978-4-7741-2378-3

株式会社　技術評論社
東京都新宿区市谷左内町21-13
電話　03-3513-6150(販売促進部)
http://gihyo.jp/book

海藻　長ひじき、あらめ

子宮や腸、肌のトラブル改善に欠かせない

食の5～10％取り入れたいのが海藻です。貴重なミネラルを多く含み、心身を強くします。血液やリンパ液を浄化する働きもあり、外食が多い、油っこいものや脂肪、甘いもの、乳製品の摂取が多い人にはとくに大切。子宮内膜症をはじめ生殖器、呼吸器、心臓、大腸、腎臓、膀胱、泌尿器、耳や眼、皮膚、骨のトラブルの改善にも不可欠です。精神的には、柔軟性と粘り強さをもたらします。いい意味で陽性な食材です。

ところが、東日本大震災以降、海藻が生育する海そのものが汚染されてしまいました。三陸海岸付近の海は、本来日本の財産ともいえるほど稀有な豊かな地域でした。また、汚染は海流とプランクトンからはじまる食物連鎖を通じて広がりますから、西日本でも安心はできません。独自の基準値で検査しているものを選ぶ、産地に気を配る、複数の産地を選び偏らせないなどの用心が必要だと思います。

長ひじきとあらめは合わせて週に2回くらい食べたい海藻。ひじきは冬は煮ものに、夏は茹でて白和えやサラダがおすすめ。私は春巻きの具にしたり、ときにはパスタとも和えます。ミネラルが豊富なことは知られていますが、じつはたんぱく質もたいへん多く含まれています（干しひじき 10.6g/100g中　参考：普通牛乳 3.3g/100g中）。肺など呼吸器、大腸、肝臓、胆嚢、免疫系、甲状腺の病気、血液の病気に欠かせません。集中力や意志の強さと柔軟さをもたらしてくれます。強く乾燥されて縮こまり過ぎているものは、ぬるま湯でよく戻し、上手に茹でたりして、本来の大きさに戻してあげましょう。

もうひとつの海藻はあらめ。ひじきほどポピュラーでないものの、これがおいしい！　とくに梅干しやごぼうと煮ると女性に大人気。効能は、ほかの海藻やひじきと近いものの、女性の子宮の浄化にはいちばん力を発揮します。写真は下茹でして刻んだタイプで、水に浸して戻さず洗ってざるにあげておけば、自然とある程度ふやけます。元はわかめのように幅がある素材です。

上「長ひじき（30g）」　中「刻あらめ（28g）」ともにオーサワジャパン株式会社
下「貊　ひじき（25g）」株式会社マンナネ

海藻　昆布、わかめ

スープの出汁はこれに決まり！

昆布とわかめは、毎日のように出汁で取り入れられるので使いやすい海藻です。比較すると、昆布のほうがうんと「陽性」で引き締める力が強く、ヨウ素が多いので、子ども、中年以降の女性はその出汁も含めて摂り過ぎないようにします。反対に、砂糖の摂取が多い人には、しっかり食べてほしい素材。

昆布の旨みは水に出ます。弱火でじっくり煮出し、沸騰すると昆布に旨みが戻ってしまうので、直前に取り出し弱火で煮詰めるのがコツ。収穫後、長く寝かされた昆布ほど旨味が強く、かつては5年、10年ものも珍しくなかったのですが、最近は稀少になりました。

写真右は北海道の肉厚の昆布で、昆布巻にすると最高においしい。もうひとつの昆布はマンナネのスコットランドの昆布。セルフィールド再処理工場の事故はイギリスの河の下流で起きましたが、それよりはるか北方の北極からの栄養豊かな水が流れ込んだ海水に育まれました。「身土不二（P.12）」に反するのではと思われる方もいらっしゃるかもしれませんが、北半球のさらに緯度が高い地域ですし、特殊な現状の今、産地を限定しないという状況のなかではよい選択と思います。ただ、北極海も、チェルノブイリの汚染の影響は受けています。

一方、春夏に毎日のスープの出汁として基本にしたいのがわかめ。血液がきれいになり、眼にもいいですよ。ただ難点は、とくに日本の男性たちにはその旨みが感じられにくいことでしょうか。女性には、昆布出汁とちがって軽い、食べやすいと受け入れられやすいです。写真の都平昆布海藻のわかめは、韓国のものを用いています（2012年現在）。たいへん肉厚で、表示のとおり「15倍に増える」お得で旨みも濃いです。また、わかめは春先に多く摂ると、秋冬に溜め込んだ体内脂肪や老廃物を排出しやすくします。昔からある春の筍とわかめの和えもの、酢味噌和えなどはとても理にかなった食べかたなのです。

左「肉厚15倍に増えるカットわかめ（200g）」株式会社都平昆布海藻
中「貊　昆布（100g）」株式会社マンナネ
右「釧路産昆布」自然食糧品店ぐるっぺ

海藻　海苔、もずく、とろろ昆布

とくに女性のキレイに不可欠な海藻たち

ミネラルいっぱいで浄化作用、免疫力を高めたり、料理を盛り上げてくれる海藻はまだまだあります。

子どもも大好きな海苔は、添加物いっぱいの味付け海苔は避けましょう。難しいのが、乾燥や製造プロセスで用いられる薬品は表示されないことです。信頼できる生産者を見つけること、薬品を用いない海苔を食べ慣れて、そうでないものを食べたときに違和感を感じられるよう、舌を鍛えるしかありません。写真のぐるっぺの海苔は、厚みといい、味といい、値段といい、最高です。おやつにもしたいくらい。なお、海苔は意外と（良質の）脂肪が多いので、必ず炙るなど加熱しないと消化によくありません。ツルツルの面を数十秒火にかざしましょう。おいしい玄米ご飯と長期熟成の梅干しと醤油、海苔は、これぞ「ご飯の王道！」という気がします。実際、完全食ともいえるほどバランスが取れた組み合わせなのです。玄米が食べにくいときも、酢飯にして、いろいろな具を用意して手巻き寿司にすると食べやすい。私はパスタを海苔とわさび醤油で和えるのも大好きです。

とろろ昆布やもずくのように酸味のある海藻は、肝臓と生殖器を同時に調えます。もずくは、塩もみしたきゅうりや大根、オクラ、茹でもやし、茹で枝豆などそのときおいしく感じる素材と和えて酢と醤油、ときに甘味を少し加えています。

とろろ昆布は、うどんや麺つゆに欠かせず、常備しています。梅干しやオクラとご飯に混ぜてもおいしいです。とくに、写真の南かやべ漁業組合のとろろは酸味がきつすぎず口溶けも柔らかく、しかし昆布のおいしさはしっかりあります。たいへんコクが出るので、お湯か番茶、刻みねぎや柚子、少しの醤油やお酢があれば即席おすましができます。汁ものがあると食事に落ち着きと満足感が出るので、職場に置いておいてもいいのではないかと思います。

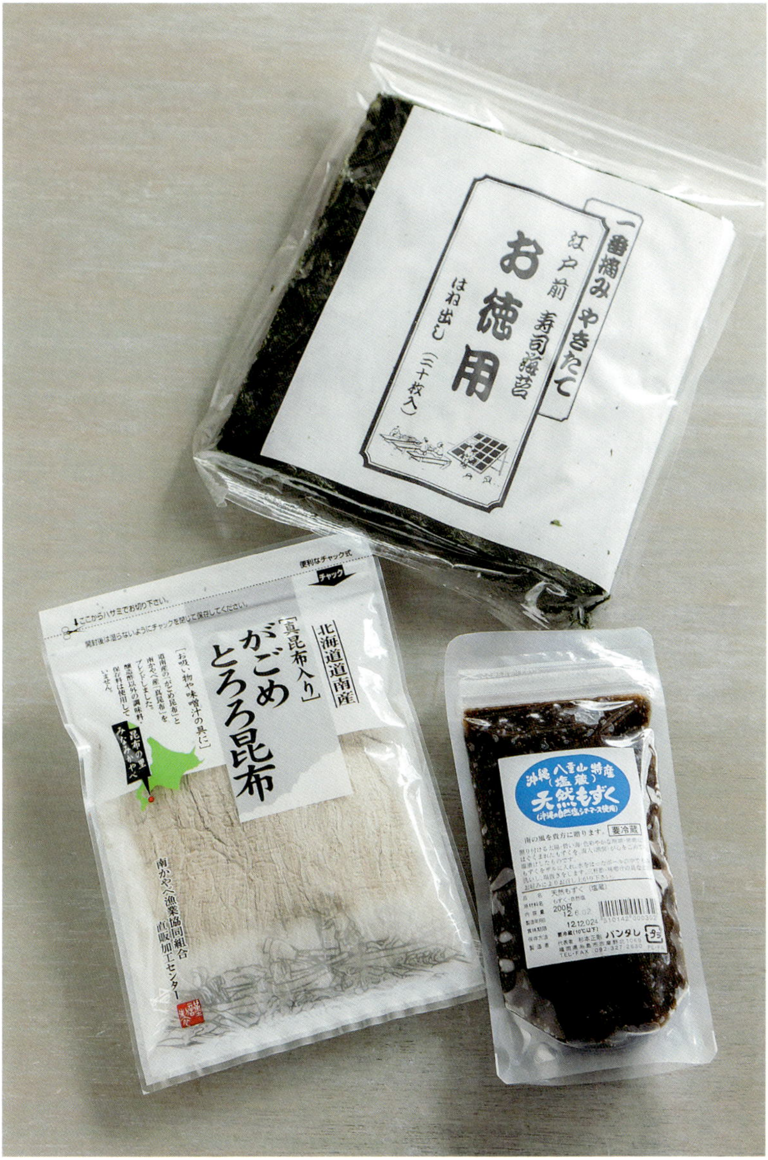

上「お徳用のり」自然食糧品店ぐるっぺ
下・左「真昆布入り　がごめとろろ昆布（50g）」南かやべ漁業協同組合
下・右「塩蔵天然もずく　沖縄八重山特産（200g）」パンタレ

昆布と人参のマリネ

出汁がら昆布は佃煮もおいしいけれど、マリネにしても。

材料 (作りやすい分量)

出汁を取った後の昆布
(冷凍保存しておいたものを
解凍して) …… 100g
人参 …… 1/2本
A
- 千鳥酢 …… 大さじ2
- 醤油 …… 大さじ2
- 米飴 …… 大さじ3
- グレープシードオイル …… 小さじ1
- レーズン …… 大さじ1～2

① 昆布は千切りにする。人参は斜め千切りにし、塩をひとつまみふってしばらくおく。

② Aをすべて混ぜ、沸騰しないように煮溶かし、熱いうちに①の昆布を入れて、なじませる。

③ 人参を洗って水気を拭きとり、②と和え、冷蔵庫でよく冷やす。

④ 食べる直前に好みで刻みパセリを和えてもおいしい。

あらめの梅煮

あらめは、とくに脾臓や生殖器をきれいに丈夫にしてくれる大切な素材。梅との相性がとてもよい。

材料（作りやすい分量）

あらめ …… 30g

梅干し …… 1個

醤油 …… 小さじ1

パンプキンシード …… 1/4カップ

① あらめはざっと洗い、ざるにあげてふやかす。

② 鍋に①を入れて、ひたひたくらいの水を入れて火にかける。

③ 沸騰しそうになったら火を弱め、梅干しをちぎって入れて、煮る。

④ 水気がひいてきたら、醤油を回し入れて煮詰める。

⑤ パンプキンシードを炒り、熱いうちにすり鉢ですって砕き、④を入れて和える。

memo ローストパンプキンシードの場合は、軽く炒るように温め直すと砕きやすい。パンプキンシードはむくみにも効き、ナッツの中では脂肪が少なく、消化もよい。

調味料　みりん、マスタード、からし、わさび、塩こしょう

ちがいを生み出す名脇役

これらの調味料は体のために絶対必要というわけではないし、とくに子どもや治病中の方には刺激が強すぎることが多いです。しかし、つい濃い味を求めて塩分や油脂分、動物性食品の摂り過ぎになってしまう人は、上手に取り入れると逆に体にいいメニューを増やしやすくなります。

[みりん]
明治43年創業の「三洲味醂」の角谷文治郎商店は、戦時中のみりん製造禁止の困難を乗り越え、今も時間をかけた製法を守る数少ない蔵。歴史と共に生きてきた無数の菌によって生み出される黄金色の本物のみりんは、薬品発酵、短期製造の“みりん風”しか知らない現代人に知ってほしい味。ちょっとだけお酒が飲みたいときにロックでそのまま飲んでもおいしい。梅酢や醤油との相性もよく炒めものや酢のもの、和えものなどにも。

[粉からし・粉わさび]
つど水練りして使う。ふろふき大根やおでんにちょっと新鮮な辛味が加わるだけで、やっぱりぐんとおいしい。生麩ステーキや冷奴、ごま豆腐に、新鮮なわさびの風味が加わるだけで、濃い味が好きな男性や年配者もうれしそう。もちろん麺類には欠かせない。

[マスタード]
アップルビネガーが混じり、辛味がきつすぎなくて、生徒さんにも大人気。原料であるからしの種子を細かく粉砕せず、種皮も一緒に使用したつぶつぶ感がかわいいしおいしい。醤油や味噌、白味噌、豆乳ととくに相性がよく、シチューや煮ものもひとさじマスタードを落とすことで軽く、大人っぽい仕上がり。ヒヨコ豆や雑穀、きゅうり、人参などを使ったサラダや海苔巻に巻き込んだり、P.98ではサンドイッチの隠し味に。

[塩こしょう]
呼吸器が弱い人は避けていただきたいですが、料理に慣れない初心者には味の仕上げに便利。能登製塩のこだわりの一品はやはりいっそう体によく、味も決まる。P.50のパスタにも使っているように、本書の素材たちと炒めものの仕上げに。おむすびや揚げものにちょっとつけてもおいしい。使い過ぎて塩分の摂り過ぎには注意して。

左下から時計回りに「手づくり香辛料シリーズ　粉わさび・洋からし（20g）」株式会社向井珍味堂
「塩こしょう　黒（100g）」有限会社能登製塩　「有機　三州味醂（500mℓ）」株式会社角谷文治郎商店
「Evernat　エバーナットオーガニック　粒マスタード（200g）」株式会社ミトク

調味料　ぽん酢、ソース

1本で味を決めてくれる複合調味料の優秀品

こちらも絶対に必要というわけではないけれど、あると便利で助かる、とてもおいしい、それでいて合成添加物不使用、すべて有機材料使用という企業理念が感じられるすばらしい2品。いずれも光食品の商品です。

安全だけでなく、消費者のニーズに応え、工夫していろいろな開発をしている光食品にはほかにもたくさんのいい商品があります。また、敷地内には有機栽培ほ場もあるだけでなく、製造過程で出た野菜ゴミを堆肥に循環させています。食材だけではありません、製造タンク類は、薬害を防ぐため手洗いと湯洗浄を基本としながら、HACCP（食品の総合衛生管理製造過程）に対応、虫の侵入を防ぐために陽圧にするなどで高い衛生状態を維持しています。発電効率の高い太陽電池「HITパワー」を採用、発電した電力は工場内の照明などに使用、CO_2節減量は約2,370kg/年、灯油節減量は約3,880ℓ/年で、余剰分は四国電力に販売。ほかにも排水の浄化など、工場の存在自体で「有機」に取り組む会社です。「金儲けだけでなく、社会に貢献する仕事がしたい」という創業者の方の言葉は、消費者の健康や安全、真実より利権・利益を優先する企業ニュースが絶えない現代にまぶしく輝きます。

[有機中濃ソース]
材料が複雑で多種にわたるソースで、合成添加物不使用なだけでなく、有機JASマーク認定。砂糖なしでソースの満足感を出すのはとても難しいのに、有機野菜・果実を原材料の約90%贅沢に使って甘味を引き出している。焼きそばやお好み焼き、大豆たんぱくや高きびでそぼろ風メニューと作るとき、そのままでも、味噌や醤油と混ぜてもおいしく、子どもたちにも喜ばれる。

[有機ぽん酢しょうゆ]
動物性も砂糖も合成アミノ酸も使わず、一般的な味に慣れた人も喜ぶおいしさ。有機醤油と有機柚子、すだちなどを用いて、酸味がきつすぎず、醤油の味だけが出っ張っていない。冬の人気者、鍋のときもいい。野菜やがんも、春雨、油揚げに入れた餅巾着などに、このぽん酢があれば誰もが大満足。生うどんを和えたり、ゆで野菜や焼きがんもなどの豆腐料理に垂らしたり、年中重宝する一品。価格もたいへん良心的。

写真左「職人の夢 こんなソースが造りたかった 有機中濃ソース（200mℓ）」
右「有機ぽん酢しょうゆ（250mℓ）」ともに光食品株式会社

玄米甘酒

体にいちばんやさしい甘味料は、日本古来の甘酒

元気な毎日に大切なのが、砂糖を控えること。とくに、精製糖である果糖ブドウ糖液糖など、最近のお菓子に入っている甘味料や白砂糖はできるだけ控えましょう。疲れにくくなる、肌がきれいになる、痒みや鼻水がなくなる、集中力が増すなどいい影響がたくさんあります。アスパルテームといった人工甘味料も、脳神経や腸にとても負担が大きく、黒砂糖やはちみつもそれほどおすすめできません。

体にいい甘味料の代表格が玄米甘酒。写真の２社のように砂糖を加えていないものを。それに普通は玄米で甘酒を作ると、脂肪が多いぶん、くどくなりやすいのですが、とてもまろやかです。甘酒は、お粥を麹で発酵させて作ります。砂糖と異なり、血糖値の急上昇を防ぐ食物繊維やミネラル、また吸収のよいアミノ酸やビタミンなど現代人に不足しがちな栄養素をいっぱい含んでいます。また、疲労回復や新陳代謝、免疫力の向上、栄養吸収や美容には酵素がたいへん重要ですが、甘酒は塩分を含んでいない発酵食品として貴重。市販品は加熱殺菌の必要があるため、写真のオーサワ品は80℃、マルクラ品はできるだけ菌を残すため、70℃でなされています。酵素は熱に弱いので、酵素の吸収だけを目的とするなら、手作りをおすすめしますが、加熱殺菌してあるとはいえ、熱に強い菌はとくにマルクラ品には残っていますし、どちらもアミノ酸などが豊富なよさは確かです。それに手作りで、このペーストっぽさはなかなか出せません。

甘酒は、いってみれば濃縮植物性ヨーグルト。酸味とよく合います。冷たくして果物にかけたり、イチゴと水、レモン汁とミキサーにかければ、飲むイチゴヨーグルトのイメージです。これを寒天や葛と煮てゼリー風にしたり、タルト生地に流して冷やし固めると冷たいタルトに。冬は、葛と温めて、しょうが汁を落とすと美味で体が温まります。P.121には季節の果物と冷たい簡単スイーツを紹介しています。

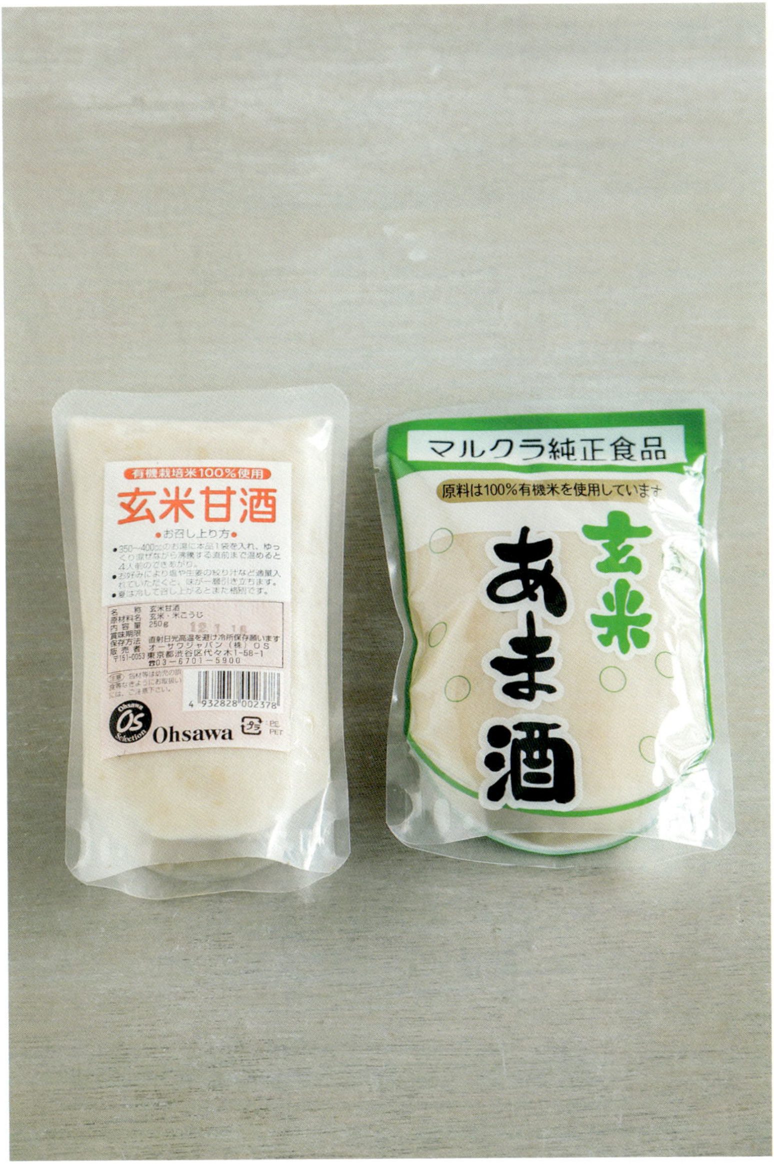

左「玄米甘酒（250g）」オーサワジャパン株式会社

右「有機玄米使用　玄米あま酒（250g）」マルクラ食品有限会社

2種のディップ

パンにも野菜にも合うディップ。のばして麺類を和えても。

●黒ごまディップ（ともに作りやすい分量）

黒ごまペースト …… 1/4カップ
醤油 …… 大さじ2
水 …… 大さじ2～3
しょうが汁 …… 大さじ1

① 黒ごまペースト、醤油を小鍋に入れ水を少しずつ加えながら、沸騰させないように軽く火を通しながら混ぜる。
② できればすり鉢に移して、よくすり混ぜながら、しょうが汁を加える。

●ピーナッツディップ

ピーナッツペースト …… 1/4カップ
麦味噌 …… 小さじ1
メープルシロップ …… 小さじ2
水 …… 大さじ3～4
マスタード …… 大さじ2

① ピーナッツペースト、麦味噌、メープルシロップを小鍋に入れ、水を少しずつ加えてのばしながら沸騰しないように軽く火を通す。
② マスタードを混ぜる。

memo 冷蔵庫で5～7日間保存できる。茹で野菜につけたり、餃子の皮焼き（P.130）に混ぜたり、ご飯のおともに。出汁や野菜の煮汁でのばせば麺や鍋のたれにもなる。醤油や味噌を少し足して。

甘酒フルーツ

体に優しく、簡単さがうれしいスイーツ。

材料（作りやすい分量）

玄米甘酒 …… 200cc

季節の果物 …… 1カップ程度

水または豆乳 …… 200cc

葛粉 …… 大さじ2程度

塩 …… ごく少々

① 果物は食べやすい大きさにカットする。

② ①に塩をふって、軽くウォーターソテー（P.43参照）したら、水または豆乳で溶いた葛粉を入れて中弱火で煮る。

③ 沸騰してきたら、かき混ぜながら甘酒を入れ、弱火にして4～5分煮る。

④ 冷やして器に盛り、果物を飾る。

memo 精製糖のような負担が一切なく、繊維やミネラル、アミノ酸も豊富。

こんにゃく、春雨

職人の技のちがいをぜひ舌で確かめて

「食材を変えていちばん驚いたものは何？」と訊かれたら、「高田食品のこんにゃく」と答えるかもしれません。今までこんにゃくと思っていたのは何だったんだろう、というくらいびっくりしました。ちがいは、①年間を通じて生芋を使用　②アクに石灰（消石灰）を使用せず手間ひまかけた自家製灰（わら・木）を使用　③味の決定打として、富士山の裾野の地下水を使用（施設の全工程に水道水未使用というこだわりよう）の３点が代表的です。今のこんにゃくはコスト削減のためにほとんど粉から作られますし、石灰不使用となると滅多にありません。

こんにゃくは、それ自体に味はあまりないように思えます。でも、実際食べると感じるこのちがいは……弾力なのか、歯ごたえなのか、味なのでしょうか。それに食べ続けると本当にお腹がすっきりします。こんにゃくはお腹の掃除をしてくれると有名ですが、現代の製法では逆にお腹を緩めて排出力を弱めてしまうものもあります。使うときは、塩もみしてたたいて洗い流す、さっと湯がく、湯通ししてから乾煎りするなどアクを飛ばす下ごしらえは必要です。

おでんの具、こんにゃく田楽、こんにゃくフライ（P.51）、こんにゃくと野菜のソテー、野菜とのサラダ、白和えと、多彩なメニューでボリュームと歯ごたえ、風味をくれるので、年中欠かせないアイテムになります。糸こんにゃくがこれもまた、麺のようなおいしさも加わって、煮ても炒めても美味。

こんにゃくと同じように、ローカロリーで変化をくれるのが春雨。リラックス作用がとても高い食材なので、つい仕事のストレスで味の濃いものやコーヒーや甘いものに走ってしまう、という人におすすめします。ただ、春雨は漂白剤や増粘剤などかなりの添加物を用いています。写真の丸成商事のものは一切使っていません。柔らかいのに崩れにくくて味染みもとてもいいです。冬は鍋に入れるとあっという間になくなる人気者。

左「緑豆春雨（100g）」丸成商事株式会社
右「板こんにゃく（450g）・糸こんにゃく（450g）」ともに高田食品株式会社

切干大根、割干大根

地味なルックスに、豪華な栄養とおいしさ

私の好物のひとつが切干大根です。私はどうしても、切干大根だとかひじきやあらめのような、一見地味で変な見た目（？）なのに、よく見るととても美しい、滋味豊かな魅力を持っている素材に魅かれます。

切干大根も、上手に戻してあげたときのつやつやとした柔らかい色合いが本当にきれいだなあと思います。我が家の2大定番は、油揚げと煮るか、玉ねぎ、にんじんと煮るもの。生徒さんも、砂糖なしでこんなに甘くなるんですね、と驚かれます。こうやって素材の甘味に慣れていくと、どんなに砂糖（果糖ブドウ糖液糖など）入りお菓子が好きだった人も、“砂糖を取ると頭がくらくらするようになった”など、影響を体感できるようになり、どんどん食事改善が進みます。ぜひ、切干のような野菜の甘さを取り入れてください。煮ものにしないで、戻して軽く湯通しして、甘酢っぱく、じゃきじゃき食感を楽しむのも異なる魅力。白和えにして食感の対比を楽しんでもおいしい。割干も含め、太さで味染みや食感が変わるので、さまざまな太さのものをそのときの気分で楽しんでいます。

そんな切干大根を選ぶときは、できれば天日干しをおすすめします。機械乾燥は臭みも強く、大根が縮こまりすぎてなんだかかわいそうですが、「陽性」すぎてそれほどおすすめできません。保存は開封したら密閉して冷蔵庫がいちばん。糖度が高いので変色しやすいです。余談ですが、切干大根は、若い頃、ダイエット時によくお菓子代わりにしていました。噛めば噛むほど甘くて、植物性するめのようなもの！　と思いながら。あまりお行儀のいい食べかたではないですが、実際、糖分と繊維両方を多く含むのでどちらかだけでは解決しにくい便秘解消の強い味方です。切干大根は、鉄分9.7mg、カルシウム540mg、ビタミンB10.33mg、たんぱく質5.7g、食物繊維20.7mg（100gあたり）と、たいへん栄養豊かです。

上・左「割干大根」有限会社王隠堂農園 PO　　上・右「有機割干し大根」こだま食品株式会社
下・左「天日干し切干し大根」　　下・右「切干し大根」ともに株式会社ながいき村

小麦粉製品　餃子と春巻きの皮

「素材を生かす」真実を教えてくれた金子製麺

マクロビオティックの実践云々に関係なくぜひ試してもらいたい小麦粉製品です。国内産小麦は、放射能汚染が心配されますが、写真の金子製麺は、独自基準値1Bq/kg以下としています。そのおいしさには、皮が変わるだけでいつもの餃子や春巻きがこんなに変わるのかと驚かれるにちがいありません。

明治10年創業の金子製麺は、大手製粉会社の大量生産や、外国産小麦の台頭によって地場の小さい製粉所が次々と姿を消していくなか、今も契約栽培した国産小麦(農林61号)を自社製粉し、配合してこれらを作っています。常に新鮮な小麦粉を作るために、小麦を湿度や温度に気を配りながら保管し続けるだけで、たいへんなことだと思います。その製粉も明治の頃から守っている古式の製粉機で、ゆっくりとしたスピードで、小麦に熱の負荷をかけずに粉にしている。どんな食材も、近年変わってしまったのは短時間高温処理を施すようになったことです。それで大きく味と働きが失われてしまう。とくに、小麦は熱の変化を受けやすい素材です。昔ながらの方法で製粉された金子製麺のうどん(P.84)や皮に出会うとき、私たちは「そのものを本当に活かせば、何も余計な装飾は不要なのだ」というシンプルな法則を体感できるように思います。これは人生に通じることのように思うのです。

餃子の皮は全粒も精白もそれぞれ異なる魅力なので、ぜひ両方お試しください。焼く、揚げるだけでなく、蒸し料理にも。余った皮は、たとえばとろろ昆布と即席おすましに入れてもワンタン風でおいしいし、即席おつまみ(P.130)は、やっぱり皮のおいしさがあってこそ。お惣菜だけではなくおやつにも使えます。あんことレーズンを包んで揚げたり、りんごとレーズン、しょうがなどを包んでもアップルパイの中華風のような感じ。春巻きの皮は半分に切って細くスティック状にしてもおしゃれです。

左・上「季穂　地粉餃子の皮（10cm径20枚）」　左・下「季穂　全粒粉餃子の皮（10cm径20枚）」
右「季穂　地粉春巻の皮　中心粉使用（18cm角10枚）」すべて有限会社金子製麺

寒天、葛

“とろみ”を加えてもっとおいしく、お腹も整えて

凝固剤やとろみづけに、牛や豚の骨からできるゼラチンを用いないのも元気の秘訣です。ゼラチンは肺や骨、肝臓などにいろいろな負担があります。活躍するのが、寒天と葛。片栗粉も植物性でんぷんですが、現在売られているものはほとんど本物の片栗でなくじゃがいも（馬鈴薯）由来で、鼻水などの原因になるので原則として用いません（年に数回、良質のものを使う程度は大丈夫）。葛粉も馬鈴薯由来が多いので表示をよく確認して。

寒天は、漂白剤不使用のものを選びます。弾力感や体への働きでは棒寒天が断然おすすめですが、材料のテングサは、今はほとんどが南米や南アフリカ、韓国などのもの。しかし、写真の角寒天は貴重な国産（西日本中心）で、なめらかさが抜群です。よく戻すこと、表示の1.5～2倍くらいの水で煮ること、20分以上煮る、濾すなどがおいしさのコツ。ふるふるなのに、しっかりとした弾力がでます。整腸作用、血液をきれいにし、心臓の負担を減らす、余剰な熱を逃がす作用があります。発熱時にも役立ちます。

パウダータイプは手軽さ、便利さを優先したいときに重宝します。また、寒天は葛と異なり、香りを閉じ込める力があるのがうれしい。なお、寒天は柑橘類と沸騰させると固まらなくなってしまうので注意しましょう。

今では希少になった本葛は、根の10分の1しか粉にできません。そのためやや高価ですが、胃腸を保護して調えるほか、体を温める作用、発汗作用があります。継続して摂っていると、免疫力が高まり、体熱を一定に保つ力をくれます。馬鈴薯でんぷんと異なり、湯ではダマになるので、冷水で溶いてから用い、フツフツしてから4分以上加熱するのがコツ。練れば練るほど弾力が出ます。料理を冷めにくくするので、シチューや熱々のあんかけに欠かせない一方、冷たいものの摂り過ぎでお腹を壊しやすい夏に、ゼリー、葛練りなどで活躍します。放射性物質対策にも重要。

左から時計回りに「角寒天（2本入り）」株式会社風水プロジェクト
「小さな粉寒天（4g × 5 袋）」北原産業株式会社　「本葛粉　小（150g）」オーサワジャパン株式会社

餃子の皮焼き

おいしい皮で、ぜひ。軽食としても、お酒のつまみにも。

材料（10個分）

餃子の皮 …… 10枚
麦味噌 …… 大さじ2
マスタード …… 小さじ1
小ねぎ（小口切り）…… 大さじ2
米飴 …… 小さじ1〜2

① 味噌とマスタード、小ねぎ、米飴をすり合わせる。

② 餃子の皮に①を小さじ1/2くらいずつ塗り、半分に折って、水で接着する。

①

③ グリル、または油を温めたフライパンで両面がカリッとするまで焼く。

memo 薄くのばすことができれば、自分で粉を水溶きして、練って丸めてのばして作っても。具は刻みもやし、コーン、つぶしたかぼちゃ煮などでもおいしい。

2種の葛湯

葛には腸の働きを保護する作用、発汗作用がある。風邪の予防やひきはじめにも。

●しょうが湯（1人分）

葛粉 …… 小さじ2～3
水 …… 120cc
米飴 …… 大さじ1～2
しょうが汁 …… 小さじ1

① 葛粉を水で溶き、中火にかける。
② 透明になってきたら弱火にして、米飴を入れてかき混ぜながら4分程煮る。
③ 火をとめて、しょうが汁を入れてひと混ぜする。

●梅醤湯（1人分）

葛粉 …… 大さじ1
水 …… 120cc
梅干し（小）…… 1個分
（刻むまたはすり鉢でする）
醤油 …… 3、4滴

① 葛粉を水で溶き、中火にかける。
② 沸騰しそうになったら弱火にして、かき混ぜながら4分程煮る。
③ ②に梅干しと醤油を入れて、とろ火で1分煮たらできあがり。好みで刻みねぎを入れてもおいしい。

ごま　すりごま、えごま、白ごま、黒ごま、金ごま

アステカ、マヤなど南米の遺跡からも見つかっている伝統食材

料理のアクセントに活躍するのがごま。シンプルな煮ものにごまが加わるだけでまったくちがう料理になります。麺の薬味もごまがあるとリッチになるし、炊き込みご飯にごま団子、春菊の黒ごま和え、チャーハン、おむすび……、それに黒か金か白かがまたうれしい悩みになります。排出力と力強さ、泌尿器を強めるなら黒だし、クリーミーさ、柔らかさが欲しいなら白。金は炒ったときの香りとリッチさがたまらないし、バランスもすごくいい。というわけで、私は「ごまを加えよう」という選択肢でなく「ごまが続き過ぎているからやめよう」と摂り過ぎを気をつけるほどです。歴史もたいへん古く、カルシウム1200mg、ビタミンB 10.95mg、鉄分9.6mg（100g中）と栄養もたいへん豊富です。脂質、たんぱく質も多いですが、繊維も豊富です。逆にいうと、丈夫な皮が破れないと栄養が吸収されないので、する、ヒネリごま（手でつぶす）にする、よく噛む、生食しないことが大切。すりごまは手軽だし、とくに薪火焙煎石うす式の鹿北製油のものはクリーム並のなめらかさで傷みにくい。一方、自分で炒ってするときの香りはたまりません。

肺や大腸、心臓、リンパ系などの働きをよくし、免疫力を高める“ごま塩”は手作りだと比率が調整でき、上手に作ればふわふわ、断然おいしく酸化しにくいです。また“炒る”というのはかなり「陽性」な引き締まる方法なので、煮るごまと使い分けます。

えごまは、α-リノレン酸を多く含みます。n-3系不飽和脂肪酸と呼ばれ、ほとんどの食用油に含まれるリノール酸（n-6系不飽和脂肪酸）と相補的な働きをします。現代食ではリノール酸をはじめとするn-6系飽和脂肪酸の過剰摂取がアレルギーなど免疫疾患、うつ症状、動脈硬化などの一因とされています。えごまはぷちぷち弾ける食感もおいしく、私はごぼうと和えるのが大好物です。

左上から時計回りに「国産すりごま　黒（35g）」「国産釜いりごま　金（40g）」
「国産洗いえごま（50g）」「国産洗いごま　金・黒・白（ともに50g）」すべて有限会社鹿北製油

ごまペースト

栄養たっぷりの植物性バターは、クリーミーさの演出に欠かせない

植物性（と少々の魚貝類）だけの食事に切り替えていく過程で、初期に欲求不満になりやすいのが、あっさりさっぱりしすぎていると感じること。そんなとき、ごまペーストやナッツ類（P.150～152）の脂肪やクリーミーさを上手に取り入れると楽しく食事改善できます。

バターや乳製品の代わりによく用いるのが、ごまペースト類です。パンやぽんせんに塗ったり、出汁や醤油、味噌、米飴などとのばして、パスタや全粒冷や麦にからめてもおいしい。夏はぜひ冷たいサラダ風で。ごまだれうどん、ごまだれそばはどなたもなじみがあることでしょう。かぼちゃの水無し炊き（P.30）も黒ごまディップ（P.120）で和えたり、いんげんや人参、ブロッコリー、キャベツなどどんな野菜も、ごま和えとは相性がいいです。ドレッシングにしておけば、卓上で調整できるし、玄米ご飯にかけてもおいしい。和えもののときは、さらにすりごまか炒りごまをまぶすかも毎回考えます。葛と練り上げれば、手軽にごま豆腐風になって、パウンドケーキなどでもごま味は人気です。

ペースト類は、砂糖不使用のごまだけのものを選びます。乳化剤や添加物がないぶん、分離しやすいデメリットはありますが、風味のよさと体のことを考えて選びます。また、白と黒ではずいぶん味が異なるので、両方用意しておきたい。私は、冬にしょうがを利かせた黒ごまだれが大好きで、麺や鍋のときに欠かせませんし、春菊や大根菜など苦味の強い野菜を和えるのにも相性がいい気がしています。一方、春夏には酸味と醤油を効かせた白ごまだれが大活躍。メーカーごとに固さと味が異なり、大村屋のはいちばん柔らかくて最後まで扱いやすいし、やっぱりおいしい。コストパフォーマンスで選ぶなら三育フーズのものです。のばすのにはすり鉢、小鍋が欠かせません。

左から「黒ゴマペースト・白ゴマペースト（ともに150g）」三育フーズ株式会社
「絹こし胡麻　黒・白（ともに300g）」株式会社大村屋

アイス

植物性100%だってこんなにある、おいしいアイス

冷たいお菓子のご紹介です。我が家の子どもたちは、友人を呼ぶときにおやつが手作りだと気恥ずかしいそう。それは当然とも思うので、そんなときは市販品でみんなもおいしいものを探します。砂糖は入っていても、植物性であればときどきの楽しみにはよしとしています。それに、砂糖は摂り続けるのが問題で、精製度の低いものならば、たまにはいいのではないでしょうか。ときにはハメをはずしたおいしさもあったほうが、食事改善は続けやすい気がします。

なお、冷菓の中和には、ごま塩や鉄火味噌、わかめふりかけや濃いめの味噌汁、玄米、海藻などがおすすめ。

[久保田食品のアイスキャンデー]

マクロビオティックやベジタリアンとか関係なくおすすめ。いちばんおいしいアイスだと思う。秘訣はいい素材だけを贅沢に丁寧に使い、本当にシンプルな無添加。そのため砂糖（「極陰」）入りの冷菓とは思えないほど、陰陽のバランスが整えられ、ちょっと強い陰性ぐらいに抑えられている。実際、食べた後のくらくら感や、むくみ、冷えなどが少ないという声多数。添加物ゼロでこの価格はすごい。小豆、イチゴ、すももが我が家の定番。柚子などほかにもおいしいバリエーションいろいろ。

[オルターのアイスキャンディー]

小ぶりな大きさと手ごろで良心的な価格がうれしい。パーティのときなどにも活躍。材料も徹底してよいものを探し、製造プロセスも安易な高温処理などをせず素材のおいしさを活かしている。元々、アトピーの子どもたちも笑顔で食べられるように、というのが製造の強い動機のひとつとか。

[クラシエの豆乳アイス]

乳製品アイスが大好きな子でも「これはおいしい」と食べた優秀品！　以来、遊びに来てくれるときに買うように。ココアと抹茶のほうがバニラやイチゴより油が少ないせいか意外とマイルド。体への負担は乳脂肪入りのアイスに準じて強いですが、低価格なのと販売しているお店が多いのもありがたい。どうしても強いものが食べたくなったときに私も楽しんでいます。

上から「豆乳アイスSoy　抹茶・いちご（110mℓ）」クラシエフーズ株式会社
「あずきアイスキャンデー（90mℓ）」「南国土佐のすももアイスキャンデー（90mℓ）」ともに久保田食品株式会社
「alter みかんキャンディー・あずきキャンディー（65mℓ）」株式会社オルター

焼き菓子

砂糖や卵、乳製品不使用でもかわいくっておいしい3時のおやつ

スイーツは手作りがいちばん楽しいけれど、「買って」食べたいときももちろんあります。ただ、“ベークした（オーブンなどで焼いた）粉もの”を日常的には摂らないことが食事改善の大切なポイントです。卵や砂糖云々といった素材にかかわらず、「高温で焼きしめる、乾燥させる」という調理プロセス自体が「強陽性」で引き締める力が強く、新陳代謝や血液・熱循環を阻害してしまうからです。胃腸、肝臓、膵臓、生殖器、皮膚、呼吸器への負担も強く、皮膚も黒ずみやすくなります。冷えや火照り、痰や鼻づまり、生理痛、批判的になるのも困ったところ。試しに3週間ほどベークしたものを断ってみると、よい影響とアイスクリームなど乳製品や油っこいものへの欲求がなくなるのが体感できます。

ですが、独特の歯ごたえと、口の中ですぐ甘くなる焼き菓子はファンも多く、ときどき食べたくなります。外見もいかにも「お菓子」で、お皿に出すだけでなんだかうれしくなってしまう。添加物や乳製品を控えた素材のよいもの、どこかジューシーさがあるもの、油の使用が少ない、などのポイントをおさえて適度に楽しみましょう。

[ニュースタートベーカリーのレーズンパイ]
材料もシンプルで、重曹やベーキングパウダーも使わず、味も柔らかく軽い生地とレーズンジャムとの相性が絶妙で、いちばんのお気に入り。強陽性さがたいへん穏やかで悪影響が少ない。

[ラパン・ノアールのクッキー]
バリエーションも豊富でどれもおいしい。素材のよさとレシピセンス、仕事の丁寧さが魅力。

[Croc's のビスケット]
砂糖類はもちろんパーム油も不使用。袋から出してひと晩おき、しっとりさせてから食べるのが好き。

[イタリアンタルト]
すべてオーガニックでタルト生地が柔らかく繊細でハードすぎず、甘すぎないジャムとの組み合わせがおいしい人気者。

左下から時計回りに「ムラン デュ ピベール オーガニック レーズン ビスケット（200g）」MIE PROJECT株式会社
「レーズンパイ（5枚入り）」ニュースタートベーカリー 「オートミールクッキー（3個）」ラパン・ノアール
「オーガニックイタリアンタルト ブルーベリー・アプリコット」株式会社むそう商事

スナック

動物性、そしてアミノ酸不使用がポイント

いわゆる「しょっぱい系のかわきもの」スナックです。材料になりやすいえびなどの甲殻類は、非常に「極陽性」という引き締める力が強く、膵臓を硬くし血糖コントロールやホルモン分泌に負担になり、腫瘍や結石の原因になりやすい。甲殻類や砂糖、アミノ酸など不使用のもの、油の少ないもの（使用油に遺伝子組み換えの表示義務はありません）を選びましょう。ただし、塩気が強い乾燥したスナックは、材料に関係なく「強陽性」です。いくらいいものでも、食べ過ぎると締まりすぎて気持ちや体調、食欲が不安定になるから注意しましょう。

[トルティーヤ2種]
チップスは、じゃがいもではなくコーン（遺伝子組み換えでない）を選ぶ。じゃがいもは「極陰性」で、気持ち、耳や鼻など感覚器、肌、生殖器などへの負担が大きい（しかしすりおろして湿布など外用には役立ちます）。黄色いパッケージのものは、塩気はかなり強いぶん、男性や味の濃いもの好きの人にも好評。薄すぎない生地にしっかりした塩気が絶妙で、シンプルリッチな味。しかもジャンボサイズ！　食欲の面からはうれしいですが、食べ過ぎちゃう悩みが出るかも!?　緑のパッケージのほうはもう少し塩気控えめでかつ、油が少ない、小ぶりなのがうれしい。

[ぽんせん]
素材のいいかわきものの中でもいちばん負担になりにくいのが、ぽんせん。やはり素材を粉にしていないところが大きい。塩気は控えめだけれど、お米の甘みと混じりあって、きっと誰もが好きな味。そのままでも、ジャムなどをつけてもいいし、砕いて、ドライフルーツやナッツ、甘酒とフレークのように楽しんでも。アリモトのは硬すぎず、素材の甘みが生きている。

[玄米せんべい]
自然食品の老舗、オーサワジャパンのものを。放射性物質の基準値を独自に設定（10Bq／kg）しているため、国の基準よりずっと安心。濃すぎず薄すぎずの醤油味とごまと厚みが絶妙で、つい1枚で終わらず、ぽりっぱりっ、もう1枚……と手をのばしたく。

上・左「ドリトス　塩味（160g）」ジャパンフリトレー株式会社
上・右「ポコロコ　トルティーヤチップス（ナチュラル）」東京タカラフーズ株式会社
下・左「厚焼せんべい（9枚）」オーサワジャパン株式会社　　下・右「召しませ日本　玄米ぽん煎餅」合名会社アリモト

お菓子　チョコレート、サイダー、飴

ときにはこんなおやつもあるとうれしい

ジュースだと物足りない、スポーツドリンクやお酒が欲しくなる、というようなときに試していただきたいのが、精製糖や添加物いっぱいの炭酸飲料でなく、フルーツサイダー。炭酸は「陰」が強く、避けたほうがよいのだけれど、反対にその力を取り入れれば、刺激が強いものを飲みたいときに満足できます。とくに暑い夏にはうれしいですね。

身近だけれど、負担が大きいお菓子がチョコレートです。生殖器、リンパ、心臓、大腸、腎臓、皮膚ほか悪影響の幅は広い。近視、冷え性やむくみ、シミやほくろ、肌荒れや顔色が黒くなる原因でもあり、落ち込みやすくなる、発想がネガティブになるなど心への影響も強いです。ところが、乳脂肪＋精製糖＋カカオの組み合わせは依存度が非常に高く、カフェオーレやチョコレートはやめるのが難しい嗜好品でもあります。まずは、いちばん負担になる乳製品を使用していないチョコレートに変えてみて、量を減らすのはどうでしょうか。材料の質がよく、精製度の低い糖分を用い、また長時間練ってあればなお心身には穏やかに。

このビターチョコレートは、砂糖とカカオがキーンと主張するのではなく、深くまろやかなコクがあり、ミルク不使用とは思えないくらい（パッケージ裏の「乳を含む」表示は、乳製品を使用することもある工場で生産している意味で原材料自体には含まれず）。また、カカオはじつは児童不正労働が多い食材なのですが、良質なものは労働条件も不正がないことがほとんどです。

ちょっとだけ甘味が欲しいな、というときにうれしいのが飴。香蓮飴は、穀物飴を練り上げ、香ばしい蓮根の粉をまぶしたキャラメル風のおいしい飴で私と子どもたちの好物です。米塩飴は、甘いだけでなく塩味が利いているのが気に入っています。どちらもおやつの中ではやや「陽性」です。

左から時計回りに「米塩あめ（75g）」有限会社能登製塩
「オーガニック　アップルサイダー＋レモン（250㎖）」光食品株式会社
「ビターチョコレート」株式会社プレス・オールタナティブ地球食
「ツルシマ　香蓮飴（100g）」有限会社ツルシマ

甘味料　米飴、メープルシロップ、てんさい糖

“甘さ”をミネラル十分にやさしくサポート

がんや心臓病、白血病といったさまざまな現代病の主な原因のひとつが、あらゆる食品に加えられている精製糖です。ほかにも血糖値を激しくアップダウンさせるため、アドレナリン、ノルアドレナリン、インシュリンなどホルモンバランスを崩し、興奮、落ち込み、イライラ、妄想など精神不安を招きます。血液循環や免疫にも悪影響があるほか、だるさ、疲労、むくみ、シミ、炎症や痒み、肌荒れ、便秘、冷えなどの原因にも。とはいえ外食をまったくしないわけにはいかないので、完全に断つことは難しい、だからこそ“精製糖を摂らない数日間”を作り、ちがいを実感することをおすすめします。精製糖を摂らずにいられない、ないと動けない、眠くなるという人は低血糖症の可能性が高いです。

マクロビオティックでは、果物や甘酒(P.118)、ジュース(P.68)のほかに、米飴、メープルシロップ、てんさい糖などの甘味も使います。米飴は、お粥から作ります。甘酒の麹菌と異なり、麦芽を使ってそのでんぷん（多糖類）を糖化させます。その後濾すので、繊維などは含みませんが、二糖類で甘酒に続いて穏やかです。お菓子作りのほか、醤油や味噌との相性がよいので料理にもおすすめ。冬は固まるので、ビンごとお湯につけるとすぐ柔らかくなります。

もっと強い甘さが欲しいときには、メープルシロップとてんさい糖。メープルシロップは、写真のような薬品を用いない伝統採取法のものを選びましょう。高価ですが、味の差は歴然。ミネラルも多く体にもいっそうやさしいです。

砂糖を用いる場合は、原料が熱帯で育つサトウキビ由来でなく、亜寒帯で育つてんさい大根が日本の気候には合いますが、種や栽培方法次第で、現代では一概にいいきれません。日本の砂糖の多くはじつはてんさい大根由来ですが、白砂糖でなく精製度の低いものにしましょう。私はとくに写真の焙煎加工などしていないものをおすすめしています。

上・左「メープルシロップ（330g）」株式会社ミトク
上・右「こめ水飴（600g）」株式会社わらべ村
下「北海道産・てんさい含蜜糖（500g）」ムソー株式会社

粉類　薄力粉、全粒薄力粉、玄米粉、そば粉

和にも洋にも活躍するパサパサしないおいしい粉

秋に収穫される米と、春に収穫される麦は性質も反対です。麦は米よりも多くのたんぱく質を含み、「陰性」の広がる、軽い力です。だから、リラックスしたいときや仕事のあとなどには、エネルギーを貯える力の強い米より、開放する力の強い小麦のものが食べたい、と感じる方も多いのではないでしょうか。和洋のお菓子や、パン、うどん、餃子の皮、ほうとう、すいとん、揚げものの衣にと、年中活躍します。

江別製粉は国産小麦の草分け的な老舗で、北海道産のおいしい小麦粉で有名です。同じく国産小麦を支えてきた創健社は、東日本大震災後の難しい状況で、国とは別の独自の基準値を設けています。ここの全粒粉は軽くて使いやすいです。全粒粉は、精白粉とちがい、繊維が多く水と合わせてもサラサラしています。体内でも同じで老廃物として蓄積しにくいのはやはり全粒小麦粉。けれど、お菓子らしい軽やかさを出したり、粘りを出したいときもありますから、両方用意して組み合わせたり、使い分けるといいでしょう。パンやピザ、ドーナッツなどを作るときは、小麦グルテン（たんぱく質）の多い強力粉を使います。また“地粉”と呼ばれるものの多くは中力粉です。

小麦の広がる力と逆に、引き締める力、充実させる力が強い穀物が玄米とそば。どちらも「陽性」で、体を温めるため、秋冬によく用います。とくに、体を冷やす豆乳を使ったシチューのとろみづけには、玄米粉がおすすめ。白玉団子や上新粉で作る団子にもよく玄米粉を少し混ぜています。写真のおいしいそば粉は、そばクレープやそばがきによく使います。そば団子を、野菜と豆乳でシチューやグラタン風にしたメニューも人気。

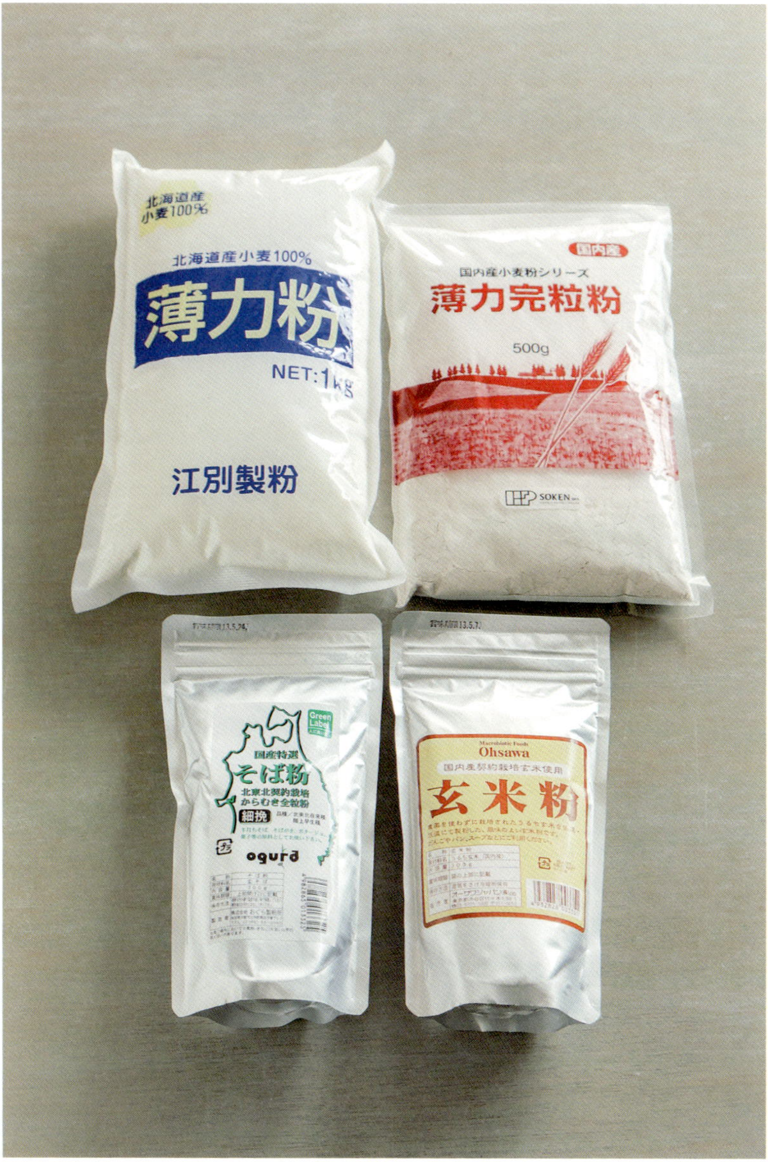

上・左「薄力粉（1kg）」江別製粉株式会社　上・右「国内産 薄力完粒粉（500g）」株式会社創健社
下・左「国産特選　そば粉細引き（300g）」おぐら製粉所　下・右「玄米粉（300g）」オーサワジャパン株式会社

グラノラ

ノンシュガー、ノンミルクで楽しめるグラノラやミューズリー

ちょっと小腹がすいたとき、とくにおやつのような軽食が食べたいときに、グラノラがあるとうれしい。秋から春までは、写真のようなノンシュガーのものをストックしています。もちろん自分で作ることもできるのですが、すぐなくなってしまうのです！

いちばん好きなのがアリサンのグラノラです。油とナッツが少ないから気に入っています。ローストの仕方も激しくなく、食べたあと、体が締まりすぎる感覚がありません。

私は玄米甘酒と豆乳をミキサーにかけ、少しの人参ジュースを加えてとろ火で煮てさましたものを、ときどき作りおきしていて、それをかけて食べます。また、砕いて粉や少しの油とタルト型に敷き詰めてタルト生地にすることもあります。

左「アリサン C24 アップル・レーズン・クルミグラノラ (350g)」テングナチュラルフーズ
右「organic Fruits muesli」株式会社エルサンク・ジャポン

ナッツ　ピーナッツ、くるみ、アーモンド、甘栗

ひと粒ひと粒の味わい深さと食感を楽しんで

ちょっとしたアクセントに役立つのがナッツ類。たとえばボイルサラダやパスタに、刻みアーモンドを加えるバリエーション。こんにゃくフライ（P.51）も、こんにゃくだけでは単調ですが、ピーナッツが入ることで、味と食感に変化が加わって飽きません。お粥にも、少しだけ炒ったナッツや種子類を加えると歯ごたえが加わります。スイーツも、最初はバターなど乳製品や砂糖の味に慣れていると植物性素材だけではあっさりしすぎに感じる人も多いもの。そこに、ナッツを組み合わせることで、移行しやすくなります。

そんなナッツは、果物と同じように虫が寄りやすいため、大量の薬品が用いられます。薬品を少なく生育保管しているものは高価ですが、やはりおいしい。ただし、ナッツは脂肪が多く、植物性とはいえ摂り過ぎると負担に。徐々に減らし、いずれは週に０～２回までにしていきましょう（種子であるごまやパンプキンシードはもっと頻繁に摂ってもよいです）。

ナッツのなかでいちばん負担が少ないのが、豆であるピーナッツ（写真のピーナッツは栃木産、10Bq／kg以下で検査しています）。次に脂肪の少ないくるみやアーモンドです。カシューやマカダミアといった脂肪の多いナッツはできるだけ控えます。また、ナッツは生だと胃腸や呼吸器に負担になり、肌や耳鼻にもトラブルが出てくるので必ず加熱します。塩を加えて茹でるのが最もよく、次にローストです。

私が、よくナッツの代用に使うのが栗です。栗は、ナッツ、種子、穀物、果実、すべての要素をもち、かつ最も歴史の古い食べもののひとつ。ただ、栗でなく甘栗は蜜が加えられているのとロースト（「強陽性」）で縮んでいるので、やはり食べ過ぎには注意。

上・左「千葉　落花生（180g）」有限会社メルカ・ウーノ
上・右「あまぐり・お徳用割れ栗（100g）」丸成商事株式会社
下・左「むきくるみ　生（70g）」下・右「アーモンドロースト（60g）」ともに有限会社ネオファーム

ナッツ加工品　ピーナッツバター、アーモンドプードル

バターの代わりになる2品はとてもリッチな味

ごまペースト類(P.134)と同じく、バター代わりによく使うピーナッツバター。写真のアリサンのものは、有機ピーナッツを使っており、無糖なだけでなく、一切の薬品を用いずピーナッツ100%の貴重品。そのため、時間が経つと油分が分離しやすく、いささか使いにくいかもしれませんが、無添加の証です。何より、このおいしさにきっとピーナッツバター観が変わるだろうというくらい人気者です。パンにこれと米飴を塗るだけで、とってもリッチな満腹感。

ピーナッツは“膵臓”に働きかけるパワーを持っています。膵臓は、消化に大切な消化液を分泌し、また血糖コントロールをしています。神経系統、精神面や性格にもたいへん影響が強い臓器。そして、食欲とも密接な関係を持っています。多くの女性は、仕事や人間関係で悩み過ぎたとき、食欲が一切なくなってしまったり、逆に食べ過ぎたり偏食になって困った経験があると思います。そんなとき、体では膵臓に負担がかかっていることが多いのです。膵臓に負担がかかるのは、鶏肉とそのエキスや卵、チーズ、魚卵や甲殻類が代表格で、よいのは、かぼちゃや玉ねぎ、キャベツといった丸い野菜、茹で栗など黄色い、甘味がある素材。ピーナッツもそのひとつで、ペースト状だとクリーミーなので、メニューや軽食に取り入れると、食欲が抑えられてリラックスできることがあります。もちろん脂肪の多いものなので、肌に痒みがある場合やお腹の調子が悪いときはたくさん摂ることはできません。けれど、ピーナッツ全体をペーストにし、繊維やミネラルも含んでいるので、精製油や動物性脂肪よりずっと穏やかです。

アーモンドプードルも、パウンドケーキやマドレーヌ風のお菓子を植物性素材だけでコクを出したいときに重宝。油や豆乳を減らしてもしっとりと仕上がり、リッチな風味に仕上げたいときに活躍します。

左「ピーナッツバター・クランチ（454g）」テングナチュラルフーズ
右「アーモンドプードル（50g）」有限会社ネオファーム

ドライフルーツ

ぎゅっと濃縮された果物のおいしさと栄養を味わって

ノンシュガーな食生活に欠かせないのがドライフルーツ。果物には多くの果糖が含まれますが、乾燥させて水分を減らすことで、糖度が高まりいっそう甘くなります。ケーキの材料のほか、レンズ豆や小豆、はと麦と甘く煮る、コンポートにする、サラダの隠し味に使うなどさまざまに楽しめます。

選びかたのコツは、やはりポストハーベストなど薬品不使用、かつ砂糖や油を使っていないものを選ぶことです。加えて私は、ソフトでジューシーなものを選びます。単においしいからでもありますが、もうひとつの理由が「干す」という方法はとても「陽性」の引き締まる力が強い、常食しない調理法だからです。たとえば、肌荒れが悩みで食事改善をはじめた方が、レーズンなら体にいいだろうと、毎日食べ過ぎたとします。レーズンは非常に糖度が高く、ぎゅっと引き締まっています。ひじの内側、首のあたりなどがカサカサになって白い粉をふいて痒くなるということが起きます。ドライフルーツは、そのまま大量に食べ続けることは控える、調理して食べるほうがさらにいいことは知っておきましょう。だから、高温の機械乾燥などであまりに縮んだタイプより、柔らかさ、みずみずしさのあるほうを選べば、そのまま食べるときもよりメリットが大きくなります。砂糖や添加物いっぱいのお菓子より、天然の甘みがぎゅっと詰まって繊維やミネラル、ビタミンもいっぱい、「一物全体（P.12）」のドライフルーツはずっとずっと体にも環境にもいい食材です。旅行や登山などエネルギーを消耗するときにも携帯でき、先の震災のときも非常食、緊張を解く甘味として活躍しました。

糖度が高いけれど万能につかえるレーズン、とてもバランスのいい果物でもリッチなおいしさがいいアプリコット、腸を緩ませるデメリットはあるもののジューシーさが魅力のプルーンを常備しています。

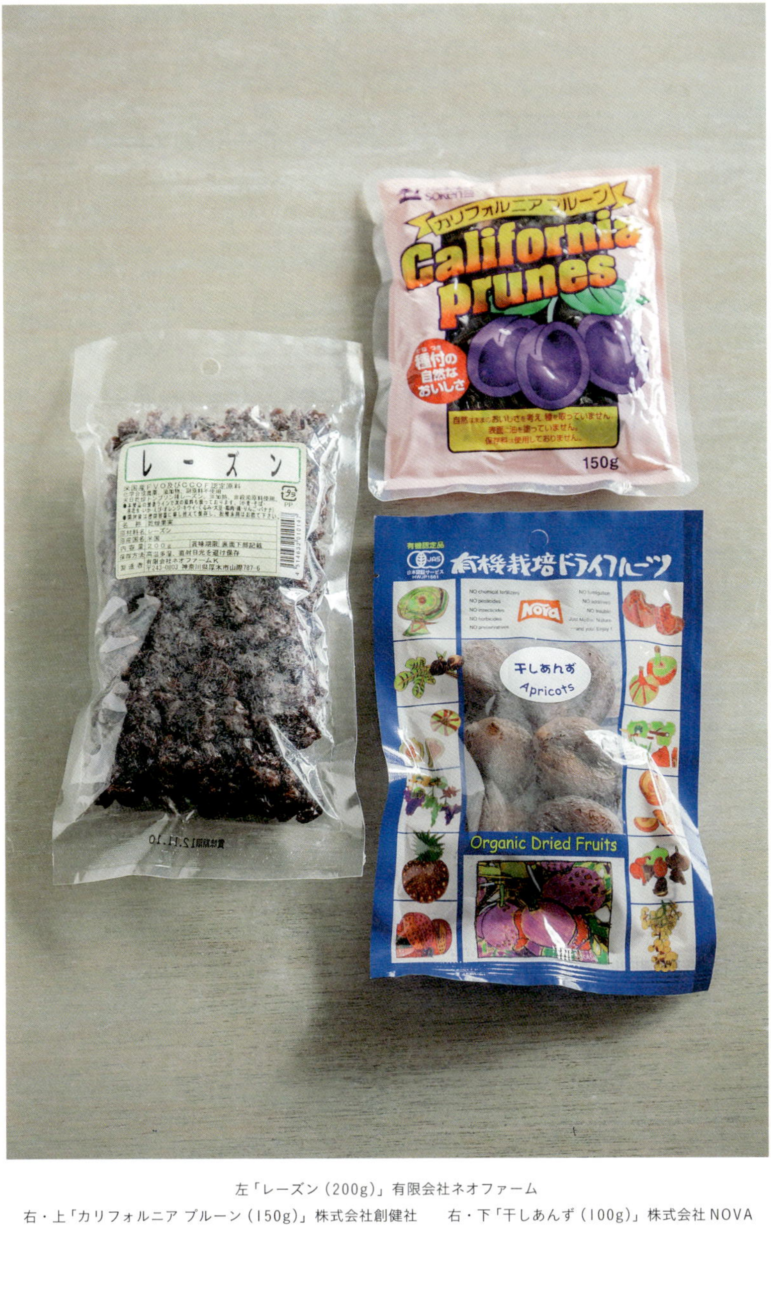

左「レーズン（200g）」有限会社ネオファーム

右・上「カリフォルニア プルーン（150g）」株式会社創健社　　右・下「干しあんず（100g）」株式会社 NOVA

フレーバー　キャロブチップス、シナモン、バニラ、カカオ

お菓子気分を盛り上げるフレーバーたち

　お菓子作りを楽しくするフレーバーを集めてみました。フレーバー類は生育時や保管時に大量の薬品を使用することが多く、児童不正労働が関わっていることもあります。できるだけ良質なものを選んでください。香りは鼻から直接脳に影響するので、その質はとても重要なのです。これは、アロマテラピーに使用するエッセンシャルオイルなどにもいえることです。ただし、質のよいものであっても、使い過ぎには気をつけましょう。フレーバー類は「極または強陰性」の働きを持ち、熱帯向き、緩める作用が強い食材です。とくに腸や肺、腎臓、生殖器、脳神経、眼や鼻、耳など感覚器に負担になるので、トラブルがあるときにはすすめられませんし、一般には避けるほど早く元気になります。

　それでも紹介するのは、フレーバーや香りは、飽食に慣れた現代人の欲求を満たすのにとても役立つから。「体と心を高める食事がしたい」と思っても、刺激の強い食べものの消費に慣れた現代人は、最初から穏やかな食事ばかりだと、満足できないこともあります。それで欲求不満になって食事改善自体が嫌になってはもったいない。たとえばシンプルにレーズンと米飴だけを使った焼きりんごに、ちょっとシナモンの香りを漂わせてみる。乳製品も卵も使わないクッキーや豆乳クリームに少しカカオやバニラの香りをつける。それだけで、強い味に慣れた人も、ずいぶん楽しく改善ができます。味覚はどんどん変わっていきますので、こういうフレーバーを上手に活かすのはコツのひとつだと思います。

　なお、キャロブとは、カカオに似た風味を持つマメ科の植物。カフェインフリーで、カカオより鉄分やカルシウム、繊維が多く含まれます。ただ、脂肪が多いのとチップスはパーム油も入っているので、そのまま食べるときは控えめに、できれば加熱して用います。甘味の強いチョコチップのように使えます。

上・左「キャロブチップス（100g）」　上・右「シナモンパウダー（20g）」ともにテングナチュラルフーズ
下・左「オーガニックブラックココア（120g）」ムソー株式会社
下・右「オーガニックバニラビーンズ」株式会社クオカプランニング

スチームビターケーキ

おいしさとヘルシーを両立させるために、油を減らすほか、
さまざまな工夫を凝らしたレシピ。

材料（15 × 5 cmのパウンド型2本分）

［ DRY ］

全粒薄力粉 …… 50g
精白薄力粉 …… 150g
てんさい糖 …… 50g
ココアパウダー …… 25g
アーモンドプードル …… 20g
ベーキングパウダー …… 小さじ2（5g）

キャロブチップス …… 1/4 カップ
生アーモンド …… 1/3 カップ
自然海塩 …… 小さじ 1/4
無糖マーマレード …… 大さじ4

［ WET ］

菜種サラダ油 …… 大さじ1
メープルシロップ …… 大さじ3.5
豆乳 …… 160cc
醤油 …… 2、3滴

準備

◎15 × 5 cmのパウンド型に無漂白オーブンペーパー（P.183）を敷き、湯を沸かしておく。
◎アーモンドは少々の塩と茹で、皮をむいて荒く刻んでおく。

① ［ DRY ］の薄力粉2種とココアパウダーをふるいにかける。残りの［ DRY ］の材料を加えて、ホイッパーでよく混ぜる。
② ［ WET ］を別のボールに入れ、ホイッパーでよく混ぜ、しっかり泡立てる。
③ ②に①とアーモンドの 2/3 量を入れて切るように混ぜる。
④ 型に入れ、上に、キャロブチップスと残りのアーモンド、塩を混ぜたものを散らす。
⑤ 25分程強火で蒸し、すぐに型から外してさます。
⑥ 下から2cmくらいのところをカットし、マーマレードを塗って挟みなおし、よく接着してから切り分ける。

ピーナッツバター＆ぽんせん

ちょっとコッテリしたものが食べたいとき、
パンやベークしたものがやめられないときに活躍。

材料（1人分）
ぽんせん …… 1枚
無糖ピーナッツバター
…… 大さじ1
米飴 …… 小さじ2

① ぽんせんに、ピーナッツバターを塗り広げ、米飴を塗る。

memo 水飴を先に塗ると、ぽんせんのすき間からおちてベタベタになってしまうので注意。ピーナッツバターはぜひ良質な無糖のものを。おいしいだけでなく、肌荒れなどになりにくくなる（一般のピーナッツバターは肌や耳鼻のトラブルになりやすい）。

膨らませる用に　おから姫、ベーキングパウダー

できるだけ腸や肌に負担をかけない膨張素材を

スイーツ作りで膨らませたいときによく使う2品。赤いラベルのラムフォードのベーキングパウダーはノンアルミニウムで有名です。アルミニウムはかつてアルツハイマーとの関連が指摘され、議論を呼びました。現在は否定する見解も多いですが、腎臓が弱っている場合や乳幼児には体内に蓄積しやすい傾向があるといわれています。通常は、日常の食生活で吸収したアルミニウムの99％以上は排泄され、およそ0.1％のアルミニウムが体内に吸収されます。しかし、人体にとくに必要な成分ではないので、ノンアルミのパウダーを推奨しています。また、含まれているコーンスターチについてもラムフォードは遺伝子組み換え不使用で安心です。欠点は、一度開封すると膨らむ力がどんどん失われてしまうこと。しっかり密閉してできるだけ酸素に触れないよう、また冷蔵庫での保存をおすすめします。

なお、ベーキングパウダーも、そして膨張材としてポピュラーな重曹（$NaHCO_3$：炭酸水素ナトリウム）も、ガスを発生させて膨らませるので、じつは腸の働きは弱らせ肌にも負担がかかります。腸はセカンドブレインとも呼ばれ、脳と直結しています。私自身もあまり多く摂るとだるくなったり疲れる実感があるので、レシピにはほんの少しにしています。

そのときどき組み合わせるのが、少しマイルドで膨らし粉のようなものがないかと見つけた「おから姫」。これ自体がおからのなかでもすごくおいしい！

パサパサせず豆の甘みがあって、卯の花メニューに活躍します。水分を吸収すると膨らむので、おやきや揚げ菓子、蒸しパウンドケーキに使っています。しっとりと柔らかい仕上げに向いています。なお、おからは現在日本で食品産業廃棄物として年間65万トン以上の廃棄量があり、年間処理費用は100億円を超えるとか。やはり“豆乳は摂り過ぎない”というマクロビオティックの原則は理に適っているのだなと改めて思いました。

上「ラムフォード　ベーキングパウダー (114g)」テングナチュラルフーズ
下「おから姫 (200g)」有限会社豆庵

ジャム

果物のおいしさがいっぱいに詰まったスペシャルなジャムたち

　ジャムを買うときは、できる限り素材がよく、添加物が少なく、またアスパルテームなど人工甘味料や白砂糖、蜂蜜を用いていないものを選びましょう。食事改善していくにつれ、食べた後、頭がくらくらするかしないか、皮膚が痒くなるかならないか、影響を体感できるようになります。

　アビィ・サンフェルムのジャムは、フランス製ですが、りんご由来のペクチンのみをゲル化剤として使っているだけで、添加物がありません。材料はすべて有機認証を受けており、甘味はその濃縮フルーツシロップです。果物がぎゅっと贅沢に詰まったペーストという趣で、そのままでもおいしい豊かな風味です。とても濃厚なので、少量で十分。蒸したパンやクレープ、ぽんせんに塗ったり、豆乳に溶いたりして楽しんでいます。また、色が美しく、スイーツのソースにもよく用います。豆腐プリンや豆乳カスタードタルトなどに、このジャムをジュース、葛、少々の塩で煮てとろみをつけて仕上げのソースにも。料理の隠し味にもぜひ。

　風曜日のジャムは、ビートグラニュー糖（てんさい糖由来の砂糖）が入っていますが、その甘味は控えめです（糖度40）。ひとつひとつ手作業で作られるこのジャムは、果物の風味が深く広く感じられて、ジャムにするために果物が押し込められるのではなく、果物自体を活かして、そのおいしさを長く味わうためにジャムにした、という感じです。変色を防ぐために少量の赤ワインやビタミンCなどは加えられていますが、保存料や香料など不要なものは添加されていません。

　どちらのジャムも、果物らしさをちゃんと残しているため、開封後は冷蔵庫で早めに食べきらないといけないけれど、それが薬品漬けでない証だと思います。

左から「食工房風曜日　いちごジャム・ブルーベリージャム（140g）」有限会社湯布院散歩道
「アビィ・サンフェルム ジャム　オレンジ・ストロベリー（220g）」株式会社ミトク

part 4 料理が楽しくなる道具類

台所に立つのが楽しくなる便利で使いやすい道具たち。
自然と電化製品が減り、昔からの道具が増えていきます。
どれも素朴そうでいて、理にかなっており、
料理がおいしくなります。
加えて、デザインに無駄がありません。
環境循環型の暮らしにエコシフトしていくことができます。
また、電子レンジは用いません。

圧力鍋

玄米をスピーディーにふっくら炊くのに欠かせない

マクロビオティックをはじめるのに最初に必要な道具は圧力鍋ではないでしょうか。なぜならおいしい玄米を炊くのにいちばん便利だからです。今では確かに炊飯器でもおいしく炊くことはできます。しかし残念なことに、そして自然の法則の不思議、ジャーで炊いてるうちは体があまり変わりません。これは数多の生徒さんが証明してくれたことで、玄米を火で炊いて、はじめて「便秘が解消した」「痩せた」「肌荒れがよくなった」「目がよくなった」などの変化が出るのです。排出力や免疫力を高める玄米は、やはり火で炊いた玄米。「人」という言葉は「火を使う徒」からきており、人の脳が進化し直立歩行できるようになったのは、穀物の実の部分を、火を使って調理して食べはじめたからという説もあります。

ともあれ、そんな玄米を食べはじめると、排毒現象が起き、油っこい食品や肉などが欲しくなくなるなど嗜好が大きく変わりだすのは事実。それに圧力鍋があると、豆や乾物を早く煮ることができ、いろいろな調理が手軽になりますし、圧をかけなければ深型鍋として使うことができます。選ぶときは、長期使用するとはがれて口径吸収する可能性があるアルミやテフロンではなく、ステンレスや強化ガラスの圧力鍋を選びましょう。さらに、あまり圧が強すぎないものがおすすめです。なぜなら、玄米に圧力をかけて炊くことは、じつは、かまど炊きの手軽な再現だからです。分厚い釜と重い蓋を使って炊くかまどは、中に軽く圧力がかかった状態になります。したがって毎日の炊飯には圧が強すぎず、軽めでじっくり炊ける圧力鍋が最もよく、実際圧がかかりすぎない玄米は、食べても火照ったりもたれたりしません。

以上のことから、うちの教室や店ではもうずっとワンダーシェフの圧力鍋です。値段も手ごろで10年保証。デザインもシンプルで素朴、なんとなくレトロなところが好きです。

「ワンダーシェフ　レギュラー 6L」株式会社ワンダーシェフ
1～2人暮らしなら3Lがおすすめ。

飯台

炊きたてご飯がさらにおいしく傷みにくく

圧力鍋の次に欲しいのが飯台。炊き上がったご飯を広げてさます、この1プロセスでご飯がいっそうおいしくなります。熱々のうちに、ひと粒ひと粒丁寧に、つぶさないように広げていきましょう。よく分けないと、団子状にご飯が固まってしまいます。おむすびも、こうして一度粒を分けてから結んだほうが断然おいしいし、酢飯にしたり、刻んだ大葉やゆかりを混ぜたりと、ご飯もののバリエーションを広げるのにも役立ちます。

ご飯は冷蔵庫で保存するとポロポロになり、チャーハンや焼き飯には向きますが、温め直すとどうしても甘味やおいしさが落ちます。だから、さめてもおいしいご飯はマクロビオティックライフには不可欠。その点、飯台やおひつで保存すると、余計な水気を吸ってくれるので、少なくとも半日はご飯がそのままでも傷んだり臭ったりしません。本来は、飯台でご飯を広げた後、おひつに移して保存するのが理想ですが、日本の今の台所は狭いことも多く、木のものふたつを乾かすのは大変ですから、飯台にそのまま保存してもよいのではないでしょうか。蓋も購入するか、丸い盆ざるに濡れぶきんをかぶせて蓋代わりにします。

使いかたは、買ったその日は水をいっぱいにはり、コップ1杯の酢を入れてひと晩置くと木の臭みが取れます。それでも臭う場合は、もう一度同じことを。それからお湯をかけてよく拭きとって陰干しして使いはじめます。ご飯を入れるときは、一度湿らせて拭いてから。使用後は、お湯や水に浸し（あまり長く浸すとかびやすい）、しゅろたわし(P.183)などで洗い、最後に熱い湯をかけてすぐに拭き、陰干しします。お湯をかけることで、乾きやすくなります。使うときに、端のほうにご飯を押し込めないこともかびにくくするコツ。本当は、天然サワラなど樹脂の多い昔からの材料だとかびにくいのですが、高価で、なかなか手に入りづらくなったので、手入れで長持ちさせましょう。

3合程度を炊く家庭なら内径30cmくらいが使いやすい。写真は教室用の6合を十分にさますことのできる大きさ。

包丁とまな板

「切る」ことをおざなりにすることは「切ない」人生のはじまり

マクロビオティックや、手作り料理を増やそうと思ったら、まな板が重要です。野菜など「切る」回数が増えるからです。たとえば薄いプラスチックや海外の硬すぎる木だと、切ったときに包丁の跳ね返りがよくありません。硬すぎず軟らかすぎない厚みのあるまな板なら、トントン……と気持ちよく跳ね返ってくるのでリズミカルに美しく切ることができ、また疲れにくいのです。切るときの音もいいし、包丁も傷みにくい。できれば、国産ヒノキやイチョウなどを選ぶと、樹脂が多くかびが生えにくいです。もちろん高くて最初は無理というときは、中国産やあるいは他の材質でもいいと思います。ただし、桐など軟らかすぎる木は向いていないのでやめましょう。「適材適所」という言葉が泣きます。

長持ちさせるコツは、使う前に必ず一度湿らせるか、濡れぶきんで拭くこと。使い終わりはしゅろたわしなどでこすり、洗ったら水気は拭いて木目にそって縦に置いて乾かすこと。私は数年ごとに材木屋さんに持っていき、表面に鉋《かんな》をかけてもらっています。

それから鋼のいい包丁を買いましょう。昔、剣豪たちは刀との出会いを大事にしました。日本料理は火方より切方が上とされる文化です。「量産なのに、この値段？」と品質で驚くのがTOJIROの包丁。新潟県エコ事業所の認定も受けている、昭和28年創業の藤寅工業の商品です。長年使っても曲がらず、研げば研ぐほど応えてくれる切れ。刃の先まで、持ち手の心の揺れ、振動を反映させるようなところが「和」の包丁だと感じます。対極に「洋」の包丁だなと思うのがヘンケルス。持ち手の体調に関係なく、“人より包丁が仕事する”ような頼もしさ。重たいので、丸ごとのかぼちゃを分けるなど力がいるときに重宝します。日本料理だけでなく、日本人は「大事」を「大切」と表します。「切る」大切さ、影響力を潜在意識では知っているのだと思います。

「Tojiro-Pro コバルト合金鋼割込三徳 170mm」藤寅工業株式会社
「MIYABI ヒノキカッティングボード 350 × 200 × 30mm」ツヴィリング J.A. ヘンケルス ジャパン株式会社

蒸籠《せいろ》

蒸し野菜のおいしさが変わる

人と環境を大事にする食生活をはじめると、台所の風景が変わっていきます。電化製品やプラスチック類が減り、木の道具が増えていきます。蒸籠もそのひとつ。あるだけで、何となく目が楽しく、台所に立ちたくなる不思議な力があるように思います。なかでも蒸し野菜は、蒸籠の魅力がよくわかる定番メニュー。良質の塩をほんのわずかにふって蒸す良質の野菜の甘いことおいしいこと。季節のうつろいがダイレクトに感じられ、ソースやディップで変化も出せ、今日もどこかのマクロビオティックの家庭で登場しているのではないでしょうか。とくに、朝の蒸し青菜は、ぜひ習慣にしたいもの（ほうれん草はシュウ酸が多いので避ける）。肝機能が調いやすく、シミが消えて色が白くなったり、眼が疲れにくくなったり、イライラしにくくなったり、筋肉が傷みにくくなったりと、よいことがたくさんあります。

蒸籠が生むおいしさは、金属の蒸し器と異なり、余計な水分を吸ってくれ、また凹凸があることで熱や蒸気の当たりが複雑になるからだと思います。野菜料理を作り続けるとわかりますが、野菜は金属に触れさせるほど甘味が落ちます。重ねることができるのも便利で、蒸し野菜を作りながらご飯を温め直したり、パートナーや年配者のために昆布かわかめと重ねた白身魚を蒸してあげてもいいですね。蒸しパウンドケーキを作ったり、パンやトルティーヤを蒸したりと、「蒸す」選択が加わると毎日がとても楽しくなります。

手入れは、よほど汚れたとき以外は濡れぶきんで拭くことで十分。洗ったらすぐに拭いてやはり陰干ししましょう。蓋は洗いません。本格的なものはおがくずがいっぱいに詰まっているので、定期的に干すといいです。湯を沸かす鍋は、中華鍋か、蒸籠にぴったり合うサイズの薄くて温まりやすい鍋を買うとよいでしょう。大きさは、蒸しパウンドケーキなども作りたい人はあまり小さい蒸籠だと型が入らないので気をつけて選んでください。

蒸篭は、１～２人暮らしでも内径21cmくらいはあったほうが使いやすい。まずは２段は用意したいところ。

staub《ストウブ》の鍋とマスタークックの土鍋

いちばん大事な“野菜の甘み”を引き出す

いろいろな料理方法のなかで、非常に大切なのが、長時間弱火にかけ、ゆっくりと変化させる、という方法です。穀物、野菜はとても甘くなり、豆類もとろみが出ます。植物性食材に多い繊維質も消化しやすくなります。火が大切にされていた時代は、おそらく世界中の囲炉裏や暖炉、ストーブの上で最も多く行われてきた料理法でしょう。しかしクイック、スピードがすべての現代社会では圧倒的に不足するようになりました。「ゆっくり自然に変化させた」というプロセスを食べること、そこで生まれる穏やかな甘味やとろみなどは、丈夫で安定した心身作りにたいへん重要です。平日は無理でも、休日だけでも、取り入れてみてはどうでしょうか。

そんなじっくり加熱する料理に欠かせないのが厚手の鍋です。写真の白い土鍋はマスタークック。普通の土鍋よりずっと丈夫です。セラミックに近く、煮炊きすると中で石焼いもで知られる遠赤外線効果があり、豆やかぼちゃ、玉ねぎ、大根など砂糖なしでたいへん甘くなります。ご飯を炊いても、圧力鍋より軽い別のおいしさに仕上がります。また、マスタークックで作った料理は、時間が経ってからもいっそうおいしい。保温効果が高いのも魅力で、鍋料理も、コンロなしで食べ終わるまで熱々が保てます。

もうひとつはstaub《ストウブ》。こちらは鋳物ですが、内側にガラスを3度焼き付けてあり中はざらざらしています。それが水分子や熱を細やかに反射させ、こちらも石焼のようなおいしさに。金属の重さがあるので、しっかり内側に甘さを込めた濃厚な仕上がり。水無し炊きはとくにホクホクになります。蓋の裏に「ピコ」と呼ぶ凹凸があり、蓋につく水滴が落ちるのを防いでくれます。ホーローとは思えないほど耐久性に優れているのもうれしい。また、これだけの厚みがありながら、熱伝導がよいためウォーターソテー(P.43)のための水を沸騰させるのもあっという間。年中活躍してくれます。

左「マスタークック　3合炊深鍋」健康綜合開発株式会社
右「staub　ピコ・ココット18cm　グレナディンレッド」ツヴィリング J.A. ヘンケルス ジャパン株式会社

小鍋とソースパン

役に立つ小鍋。数があればあるほどうれしい

大きな鍋を出すのがおっくうなときも、小鍋なら気楽にとりかかれます。たとえば茹で野菜がお弁当の彩に欲しいな、というとき。小さな鍋にお湯を沸かすならあっという間です。こんにゃくを湯通しするひと手間も、小鍋での湯沸しなら手軽に。ごまを炒るのも、ごま塩作りなどたくさんのとき以外は、小鍋が便利。炒りたてのごまはとてもよい香りで、作る楽しみがあります。ごまは薄い鍋だと上手に炒れないので、ちょっと厚みのある小鍋がおすすめ。大活躍するのは、ソースやドレッシング作り。小さな鍋でも、１週間分の作りおきには十分です。

また、スイーツ作りにも欠かせません。たとえば、寒天や葛を使ったフルーツゼリーを作るときも、小鍋があれば手軽にできます。ナッツも、炒るより塩茹でしたほうがマイルド。レトルトのむき甘栗を茹でるときには、簡単に。ドライフルーツも小鍋で煮るとコンポートになります。

私は年を取るほど、お茶は熱いほうが好きになってきましたが、ポットに入れておいた番茶がぬるくなったときも、小鍋で温め直します。ほかにも、穀物コーヒーやときには豆乳ココアを作ったりと、小鍋があることで、お茶の時間が手軽に楽しくなる気がします。

もうひとつ欠かせないのが、ル・クルーゼのミニ鍋。揚げ鍋として活躍しています。揚げものは、温度が下がるとべとつきますから、厚手の鍋で行います。けれど、少量の揚げものに大きな揚げ鍋だと、温める時間も油も多く必要です。が、このくらいの鍋ならどちらも節約でき、１～４人暮らしの揚げものには十分、それに市販の揚げ鍋は両取っ手のものが多いけれど、しっかりした片手の持ち手が油処理のときなど何かと使いやすい……と個人的にとても気に入っています。

「ル・クルーゼ　ソースパン16cm　オレンジ」ル・クルーゼ ジャポン株式会社

ブラウンのブレンダー

洋風料理に欠かせない手軽な道具

ブレンダーがあると、洋風メニューのバリエーションが増えます。ムースやポタージュなど、素材の元の形を壊してクリーム状にすると、とたんにフレンチっぽくなります。逆に素材の形を残すと和の印象。今でこそ日本のマクロビオティック料理で珍しくない「豆腐クリーム」も、アメリカではじめて見たときは本当に驚いて、発想の転換が大切ということに気付かされました。かぼちゃや人参、蓮根といった身近な素材をそのまま煮しめにするか、コロッケやポタージュにするかで、ずいぶん食卓のイメージは変わると思います。

けれどミキサーだと、洗いものも増えるし、さましてからでないと回せないこともありちょっと大変。その点、ハンディタイプなら、お鍋に入れて回せるので、家庭料理の量なら十分、とても便利です。

写真のブラウンのブレンダーは、刃が直接表に出ていないので鍋が傷つかないことと、軽いのが気に入っています。ちょっとした素材を砕くのに便利な付属品のチョッパーは豆腐クリーム作りなどに役立ち、そのまま保存できる蓋も便利。細長い計量カップはソース作りなどに使用し、こちらも蓋つき。泡立て器もついていながら値段もリーズナブルです。

ただし、ブレンダーなどで激しく素材の形状を壊すことは、じつは毎日にはおすすめできません。ミキサーにかけたジュースを含め、あまり摂り過ぎていると胃腸や神経系、呼吸器、免疫系、肌などが弱ってきます。とくに小さい赤ちゃん、子どもには大人以上に顕著。あくまで、食事全体の一部にとどめ、ときどきにしておくのが元気のコツです。比べてすり鉢だとつぶす、というのは日常使いにでき、やはり和食の知恵はすばらしいです。とはいえ、すり鉢は時間もかかるので、マイナス面もわかった上でブレンダーを活用しましょう。まずは素材を変えるだけでもずいぶん心身によいのですから。

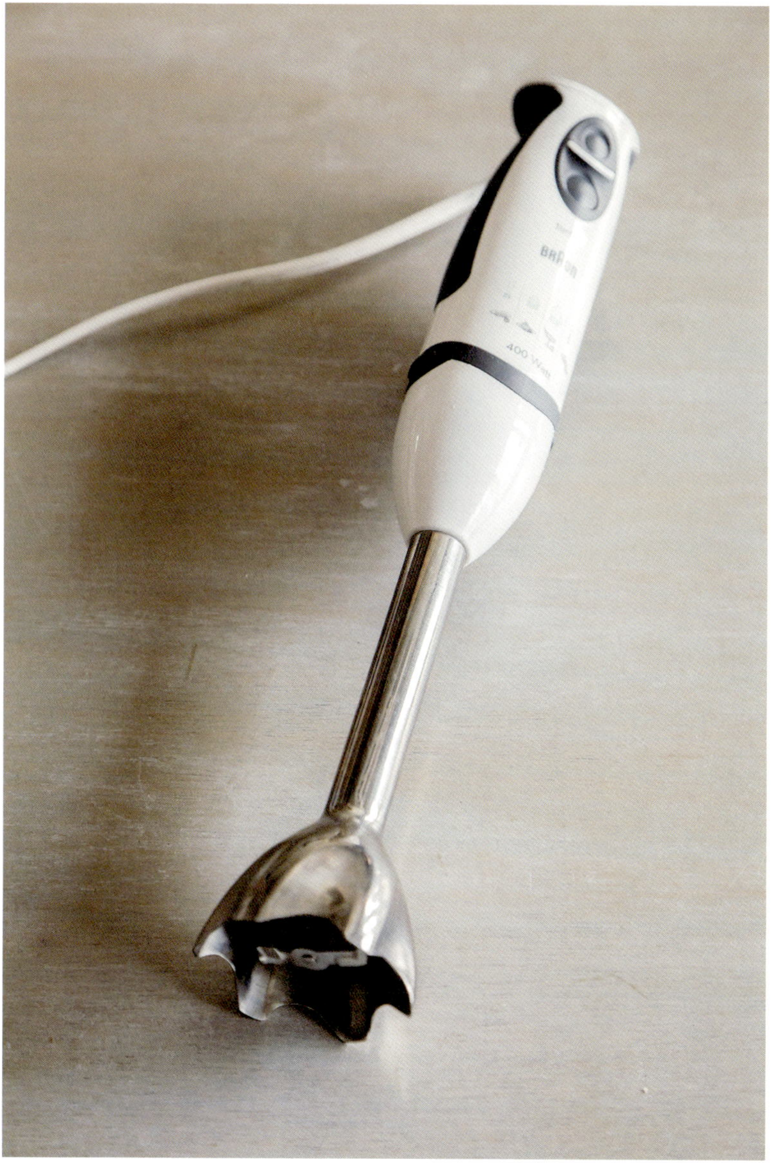

「ブラウン　マルチクイックプロフェッショナル　MR 5555 MCA」P&G

台所の名脇役たち

マクロビオティック料理を楽しくしてくれるのに
欠かせないと思うそのほかのグッズをご紹介します。
見た目も愛らしく、環境に負荷が少ないものばかりです。

すり鉢とすりこぎ大小

（小）は、毎日の味噌汁のほか、大葉を醤油とすりあわせる、ごまをするなど日常使いに活躍。（大）は、ごま塩作りや白和え、豆のマッシュなど。「つぶして和える」という選択ができると、料理は華やかにバリエーションが広がる。

盆ざる

竹製の平たいざるを大小。茹で野菜は冷水にさらさず、盆ざるに広げて徐々にさます「おか上げ」が基本。ざるそば、ざる冷や麦、ざるうどん、と麺にも欠かせず、傷みやすい土の器や木のカトラリーを乾かすときにも重宝する。

好きなやかん

毎日番茶や麦茶を沸かすマクロビオティックの欠かせない風景。食事改善はお茶からはじめてもいいと思います。毎日の温かいお茶は生活の楽しみ。どうせなら、お気に入りのやかんと湯呑みがあればいっそう楽しい。

備長炭や竹炭

揚げものをする際に、3cm程度の炭を入れることで、からりと揚がり、油汚れを減らしリサイクルしやすくしてくれる。備長炭は水に浸しておけば、水を浄化し、空気を清浄化したり電磁波を弱める効果もあるといわれている。

無漂白のキッチンペーパー

ティッシュは森林伐採による環境破壊の原因のひとつ。こちらは、バガス（砂糖を作る際に発生するサトウキビ繊維）を原料に加え、かつ無漂白。厚手でしっかりしていて、私は半分に切って使用している。（「エプコ　キッチンペーパー」服部製紙株式会社）

無漂白のオーブンペーパー

無漂白のオーブンペーパー。クッキーやパウンドケーキ作り、ご飯を蒸し直すときなどに活躍。耐水性、耐油性が高く、洗って何度か使える。（上「Natural Value ワックスペーパー75」東京共同貿易株式会社　下「オーブンペーパー」アルファミック株式会社）

ガラ紡布巾　びわこ

ガラ紡と呼ばれる日本独自の紡績繊維で、これがあるとお湯だけで汚れがキレイに落ち、手荒れや環境汚染双方を防ぐ。私は食材用と食器用と２種常備。お風呂で顔や体を洗っても気持ちいい！（「びわこふきん」朝光テープ有限会社）

棕櫚《しゅろ》たわし

食材用と道具用とふたつ常備。ひとつはごぼうや人参など根菜の泥汚れ落としに、そっと使うと皮を傷つけずよく落ちる。ひとつはまな板や飯台、すり鉢など金属でない道具を洗うときに大活躍。（「亀の子束子棕櫚」　株式会社亀の子束子西尾商店）

コスロン

油を濾すのに専用の器と使う。専用の紙を200枚重ねた構造で、室温くらいに冷めた油を入れて汚れをとり、その油を何度か再利用できる。ひとつのコスロンで３回程度使用できる。（「コスロン専用ろ過紙（8個入）」丸五産業株式会社）

台所用せっけん

ほとんどの汚れは「びわこ」で取れても、どうしてもの汚れや、キッチン磨きの仕上げに使う台所用洗剤は界面活性剤不使用に。泡立ちがよく、無香料。好きな香りをつけて楽しみます。（「うるおいシリーズ　台所用せっけん（290mℓ）」ヱスケー石鹸株式会社）

食材、食品を選ぶときの安心と不安

「有機」「オーガニック」の野菜のこと

体にいい野菜と聞くと、「無農薬」「オーガニック」という言葉が浮かぶ方も多いでしょう。「高い」というイメージがつくそれらですが、食事改善はむしろ節約になることは、P.16にまとめています。ここでは「有機」、つまり穀類や野菜、家畜の肥料などに使われる農薬や肥料などについて考えてみます。毒性が懸念される化学合成添加物については、本書で取り上げた加工品はほとんど含まないことから省略します。

2012年現在、日本では、「有機」を表示するには、申請後、JAS法のガイドラインをクリアしていることを第三者の検査を経た認証が必要です。主として2年以上は、法律で認められた以外の農薬と化学肥料は用いないこと、遺伝子組み換え種苗は使用しないことが基本です。3年未満のそれについては、「転換期間中有機農産物」「特別栽培農産物」と呼ばれます。しかし、「有機」が最もよいかというと、そうともいい切れない現実があります。

農薬について

農薬に関しては、多くの方が“できるだけないほうがいい”ということと、“農薬なしで継続栽培は不可能、全人口の食を賄えないのでは”というイメージを抱いていると思います。

農薬は年々、人体や植物、虫以外の生物への害は低く、残留率も下がるように改良されてきており、使用禁止になったかつての有機塩素系農薬のようなものと同列には考えらないと農薬製造者側からはいわれています。その代表がネオニコチノイド系の新農薬ですが、しかし農薬は常に、当初は安全といわれ、後に害が見つかることを繰り返しています。実際に有機栽培や、自然農法に取り組む農家やその販売者の多くの方に意見を求めると、やはり農薬には原則として反対しています。ただ、農薬の製造販売には、「農薬取締法」により登録が義務付けられており、その数は膨大で、蚊取り線香のようなものから、枯葉剤由来の強力なものまでさまざまです。ですから、たとえば「絶対に有機、無農薬しか食べない」選択を続けながら、副作用の強い医薬品を大量に摂取したり、動物実験を何度も課してやっと安全性をクリアするような化粧品を毎日大量に肌に塗布していては、本末転倒です。イメージに振り回されず、本当の意味で安全な、そして心ある生産者の活動を無責任に圧迫しない消費、選択をしたいものです。

なお、農薬には殺虫剤、殺菌剤だけではなく除草剤も含まれます。これは生育のためより、収穫効率の向上で最後に撒かれることが多く、「除草剤1回使用」と書かれている野菜を自然食品店で見かけるのはそのためです。さらに近年は、遺伝子組み換えによって、虫に犯されない種が開発されています。加えて、工場栽培ゆえに「農薬不使用」の野菜たちも、安く外食産業に利用され、喧伝されています。大地で少々の農薬と育てられたものと、果たしてどちらがいいかは個人の判断ですが、大切なのは、販売側は表示を正確にすることですし、消費者側もイメージで断定して飛びつかないことだと思います。消費者は本当に元気でおいしい野菜を選び分ける力をしっかり持つことが大切でしょう。

実際にいろいろな自然食品店に通っていると、「有機」の表記はあるものの、高くあまりおいしくない傷みやすい野菜から、見事な「農薬不使用」でいながら「有機」表示はなく、土で栽培された丈夫で美しい、おいしい野菜たちまでさまざまな素材に出会います。もちろん、果物のように虫が増えやすい植物はビニールハウス栽培が多くなるなど問題は山積されますが、農家の努力と技術によって、「無農薬」という難しい課題をクリアしている例もあるのです。

一般に「無農薬は虫食い野菜」というイメージがありますが、経験豊富な有機農家の話を総合するとこれは間違いで、傷んでいる野菜のほうが虫に食われやすく、丈夫な野菜のほうが虫に食われにくいとのこと。そのために探究を続ける有志農家は、畑の近くにブナを植えて林を作って水を浄化したり、ほとんど落ち葉とおがくずだけの植物性堆肥を自家製で用意したり、混作、輪作の工夫をしたりと、数年がかりで無農薬に挑みます。その間収入はなく、投資だけがいりますからほんとうに厳しい道です。

しかし、自然は簡単ではありません。せっかくそうして丈夫に育てあげても、今度は年々野生化しすぎて、食用には向かなくなることもあるとのこと。これは、一代で終わらせるように作られたF1種（ハイブリッド、現在の種のほとんど）の宿命かと思われます。また、自然栽培ではどうしてもある程度豊作不作のムラができます、作物や土にもお休みが必要だからです。これが卸先に許されないと販売ルートを断ち切られることもあるので、農家としては、確実に収穫できる方法を選びたくなってしまう。これは、私たち消費者のほうでも態度を変える必要があります。

肥料について

続けて、肥料の問題を見てみましょう。日本で最初の肥料は苗草（生草）であったことが登呂遺跡からの出土でわかっているそうです。肥料の中心をなしたのは油かす類、魚肥（干陛《ほしか》、ニシンかす）、人糞尿で、今のような化学肥料が用いられだしたのは、明治末期の頃からです。とくに、その開発が盛んになったのは、やはり戦後です。そして、現在は、「有機農業推進法」の施行や、「有機」「オーガニック」が徐々に人気を高めていることから、家畜の糞尿を中心とした有機肥料を用いる農家も増えてきています。

農薬について害は感じても、肥料は害にはならないのではないかと考える方も多いと思います。しかし、私は化学／有機を問わず、できるだけ肥料を用いていない栽培方法のものをおすすめします。用いられる「有機肥料」の質も千差万別で、できるだけ秩序の取れた植物性堆肥で、動物性堆肥の割合が少ないもの、またその動物たちが抗生物質を入れられず、劣悪な環境で飼育されて彼らの内臓が弱っていないことが重要です。人間も食生活がよくないと便から悪臭がしますが、同じように、腸内環境が調っていない家畜の糞尿を肥料として用いることは決して「自然だからよい」とはいえません。生ごみの利用も同様に無秩序すぎれば有益にはならないでしょう。料理をしているとよくわかりますが、素材を秩序だって切り、秩序を持って重ね入れ、加熱し姿を変えるということがとても大事です。めちゃくちゃに料理したものでは、人はなかなかよくなりません。作るプロセスも美しい料理がよいのです。同じように、生ごみを無秩序に家畜の糞尿と混ぜ合わせて、肥料としたものをどんどん投入することは、かえって畑を傷め、腐りやすいよくない作物が育ちます。肉食と乳製品の摂取が増えた現代は、家畜数が増え、その糞尿の引き取りを必要とします。それが売れてお金になるのならいっそう都合がいい。「有機農業推進法」の本音はそこにあるのかと勘ぐりたくなるほどです。そしてそのために、いい肥料を用いている農家もひとくくりにされてしまうのはたいへんもったいないことだと思います。

肥料の与えられ過ぎは、人間にたとえるなら、食べ過ぎ、お菓子の与えられ過ぎです。そのため、早く大きく太りますが、質量自体が増えたのではなく、水分が多いだけで、ぶよぶよして傷みやすい、臭う特徴があります。本来の姿より、無理に大きくさせられたといえるかもしれません。断面も非常にキメが荒く、美しくない、人参であれば先がとがっていないのは「自分で栄養を吸いあげよう」という力が、肥料の与えられ過ぎで奪われてしまったからと考えられます。このような素材ばかり食べていると、人も同じように「苦境に負けず生き抜いていくぞ」という力が弱るとマクロビオティックでは考えます。食べものを、物というより命と受け止めています。実際、野菜なら体にいいというイメージですが、肥料過剰から硝酸塩を含む野菜が生まれ、それが貧血や発がん性物質の原因になることもわかってきています。

遺伝子組み換え種のこと、在来種のこと

知らず知らず加工品で口にしているのが遺伝子組み換え種です。科学的な危険性は証明されていないとされ、すでに米国では食品の主流になっています。日本では、大豆、じゃがいも、なたね、とうもろこし、綿、てんさい大根、アルファルファ、パパイヤの食品８作物（190品種）、酵素を含む添加物７種類（16品目）です（2012年９月現在）。これらは家畜飼料、加工食品、スナック菓子などの原材料に多く用いられています。豆腐などはよく表示されていま

すが、「新たなたんぱく質が技術的に検出できない場合（油や醤油など）」には、表示は義務付けられていませんし、加工食品も、そのおもな原材料（全原材料に占める重量の割合が上位３位までのもので、かつ原材料に占める重量の割合が５％以上のもの）にあたらない場合は、表示が省略できます。

「科学的に安全である」という証明に、私はひとつの疑問を抱きます。それは「時間軸」の不足です。なるほど、現時点ではその摂取に何ら問題がみつからなかったのかもしれません。しかし、遺伝子組み換え食品が伸びてきたのは近年です。食べ続けることで、また、親から子へと受け継がれるものが、一定濃度を超えたとき、あるいは生命濃縮を繰り返したとき、将来災いが起きないと本当にいい切れるのでしょうか。遺伝子組み換えに反対することは感情的であるという否定論は、この視点を無視しているように思います。最近、インターネット上で、そのラットに遺伝子組み換えとうもろこしと微量の除草剤を与えるという実験の凄惨な結果写真などが公開されました。巨大な腫瘍が生じ、50％の雄、70％の雌が早死にとの結果です[*1]。この結果がすべてに当てはまるというのは早計すぎますが、人為的に、種の段階から突然成長後の姿を変えられる遺伝子組み換え技術が、古来からなされてきた自然交配といった品種改良と同じだとはいえないと思うのです。

遺伝子組み換えが推進されるおもな理由は、経済効果と最近では特殊な病気への治療効果、栄養効果です。たとえば虫に犯されにくくなる遺伝子組み換え技術があれば、農薬を減らせるから環境にもよい、交配効率もよく増産できるから、これなしに世界の飢餓人口は賄えない、また特殊な治療効果のある種をつくって病人を救えという主張です。しかし、そもそもたとえば肉食の増加が食糧不足と病気の増大、環境汚染を招いています。その改善なしに、新規技術の発明に猛進することは本末転倒ではないでしょうか。

大切なことは、お菓子や加工品に使っている油の材料や家畜飼料に至るまで、きちんと表示されることです。米国ではすでに、遺伝子組み換えよりそうでないほうが勝っていると科学的に証明された場合でなければ、「遺伝子組み換えでない」と表示できなくなりました。そのうえ最近、遺伝子組み換えの痕跡がわからなくなる技術も開発されました[*2]。今後、日本も同じようなことになるのでしょうか。

作物の本来の姿はF1種の有機農法でも遺伝子組み換えの種でもなく、その土地風土で何百何千年と受け継がれ、種付けされてきた植物たちです。彼ら自身が、子孫を残す必要があるため、虫よりも鳥や獣が喜んで食べるよう甘くなる傾向があります。実際“在来種、古来種”と呼ばれる彼らは、煮たり焼いたりして塩だけで実野菜はとろけるようにおいしく、葉野菜は旨みと食べ応えがあります。

放射性物質の汚染のこと

さて、私たちはもうひとつの食の不安に直面しています。2011年3月以来の放射性物質汚染の問題です。福島第一原発の事故により、経済産業省のニュースリリース[*3]によると、2011年10月の時点ですでに膨大な量の放射性物質が放出されています。そしていまだ事故は収束せず、毎日の放出量は減りつつあるものの、その放出は続いているのです。

放射性物質の害は、外部被曝だけでなく食や呼吸を通じて取り入れる内部被曝が非常に問題となります。たとえば、半減期2万4100年のプルトニウム239は、呼吸などで吸収した場合、肺に留まりα線を放射し続け、それが肺がんほかを引き起こす史上最凶の毒物といわれています（先述の資料によると32億Bq放出）。また今後、食品汚染問題の主役になるであろうと思われる半減期30年のセシウム137は1.5京Bq。半減期30年といっても、それがまたさらに半分になり……を繰り返すのですから、1000分の1になるのに300年を要するそうです。セシウム137は臓器や筋肉などさまざまにとどまり、β線、γ線などを出し続け、遺伝子を傷めてやはりがんの原因になるほか、急な筋肉収縮を起こせば、心臓停止の不安があります。ストロンチウム90も半減期は30年近く、骨に長くとどまります。

2012年現在、政府は食品出荷の基準値を事故直後のものから引き下げ、一般食品：100　乳幼児用食品：50　牛乳：50　飲料水：10（Bq/kg）にしました。これは、チェルノブイリ事故直後の当時の各国基準値、たとえばEC

（現在のEU）はミルク及び乳幼児食品370、そのほかの食品600、当時のソ連、チーズ及び植物油7400（単位同じ）に比べれば圧倒的に少なく、しかし、シンガポールの「どんなレベルの放射能も許さない」、タイはミルク7、穀類そのほかの食品6としたのに比べればたいへん高く感じます。低線量被曝に関しては、識者の意見も分かれ、その害はすぐには現れません。個人差も大きく、不調は現れないかもしれないし、仮に表面化しても絶対に放射性物質のせいとも確信が持てず、原因になっていないともいい切れない。それでいて、条件が重なれば最悪の事態も招く、あるいは子孫に影響が残ってしまう事実が、私たちをいっそう困惑させます。

政府はその限度値を、1歳未満・男女平均460、1～6歳の男310・女320、7～12歳男190・女210、13～18歳男120・女150、19歳以上男130・女160、妊婦160としています（単位はBq／kg）[*4]。しかし、『自分と子どもを放射能から守るには』（ウラジーミル・バベンコ、ベルラド放射能安全研究所著　世界文化社）によれば、大人は体重1kgあたり200Bqが危険レベル、70Bqが注意レベル、子どもは体重1kgあたり70Bqが危険レベル、20Bqが注意レベルとかなりの差があります。

いずれにせよ、できるだけ放射性物質を取り込まないこと、取り込んだものを残留させないことが大事です。そのことに対して本書は、完全には無理でも、ある程度役に立てます。

①マクロビオティックは穀物菜食です。動物性食品のほうが、どうしても放射性物質の濃度係数が高くなります。植物性食品だけでも、栄養不足にならずバランスがきちんと取れた食事は、マクロビオティックの標準食、法則（調理法）、そして、生命力の高い素材が可能にします。質素でもおいしく、豊かで完全な食事です。ただ、マクロビオティックでときどきの摂取をすすめる魚については注意が必要です。『新装版　食卓にあがった放射能』（高木仁三郎、渡辺美紀子著　七つ森書館）によると、「スズキ科の淡水魚であるパーチからは、（チェルノブイリ）事故の年、最高1kgあたり4800Bqのセシウムが検出され、事故から2年あまりたった1988年夏には、最高82000Bqもの汚染が検出されている」とあります。湖の蓄積の高さと、魚の濃縮係数の高さが重なったため

と思われます。

②本書で紹介した生産者の多くが、原材料に気を配り、それぞれに独自の基準値を設けて、製造販売にあたっています。オーサワジャパンは自社ブランドに10Bq以下、そのほかには抜き取り検査を実施、ムソー、創健社、海の精はおおむね10Bq以下、わらべ村（桜井食品）、金子製麺は1Bq以下です（／kg）。そのほかも、汚染の影響が残りやすい、麦、玄米、雑穀、大豆、梅、蓮、摂取頻度の高いものについてはできる限り汚染度が低いと思われるものを選びましたが、材料になる水を含め、状況は常に変化しています（P.76の雑穀の羽沢耕悦食品：岩手は10Bq以下で不検出、P.67の豆ごはんの大豆も1Bq以下不検出、P.97マルサンアイの豆乳は、大豆を米国および中国産、水は岡崎や熊本などで1Bq以下不検出のもの、大豆屋は九州産大豆および5Bq以下不検出の大豆、にがり海水は3Bq以下。P.91登喜和食品生てんぺは2Bq以下不検出、P.95三之助豆腐は10Bq以下不検出、P.105おつゆ麩は米国、カナダ産小麦、南部手焼板麩は北米産および1Bq以下不検出国産小麦、正直村の麩は10Bq以下不検出、P.141ツルシマの香蓮飴の蓮は岡山など中国近畿のもの、P.163おから姫は10Bq以下不検出です）。

しかし、読者によって「安全、安心」の限度は異なるでしょう。また、検査しても1体のサンプルが全個体を表すことは不可能です。私自身は1Bqもとりたくない、というタイプではありません。

プルトニウムやそのほかの放射性物質の検査は政府含め、行われていません。とくに日常頻繁に使うものには、注意が必要だと思います。やみくもな「食べて応援」は行き過ぎればたいへん危険になり得ます。危険の無視と義侠心をすり替えるべきではありません。国民間の対立になるような方法ではなく、本当の意味で、被災者の生活と未来を保証すべきだと思います。同時に、汚染情報や危険を毎日一般に公開してほしいと思います。

③放射性物質は、循環の悪いところに溜まります。体内も同じと思われ、やはり血液循環がいわゆる「どろどろ」で悪く、老廃物が溜まりやすい体のほうが残留しやすく排出しにくいと思われます。また、免疫力が下がり、心身を弱める食生活のほうが、いっそうダメージは強くなるでしょう。マクロビオティックのできるだけの実践は、体の新陳代謝、免疫力を高め心身を丈夫にします。

その中心になる食材も、味噌や納豆など伝統の発酵食品や、海藻など、一般にも「放射性物質への対策によい」といわれているものが多く含まれています。「これをやっていれば絶対に大丈夫」というような無責任なことはいえませんが、いま私たちができる最大の防御策、対処として移住を除けばこれ以上のものはないのではないかと考えています。放射線に対しては「陰性」になりすぎないことがたいへん重要です。

玄米に関しては、マクロビオティック実践者の間でも意見が分かれています。玄米は麦と異なり、ぬかに放射性物質がたまりやすいからで、「2011年から数年は玄米を食べない」という意見もあります。一方、私はできる限り安全と思われる玄米を食べたほうがいいと考えています。理由は、玄米を食べないと有害物質を取り入れた際の排出力が落ちる、免疫力が下がる、不必要なものが食べたくなる、全体的な視野が無意識に消失していくことなどです。またリスクを避けるために、産地を1か所に絞らないことも有効ではないかと思います。一見安全な地域のものであっても、汚染の可能性はゼロではないからです。

食べものを選ぶということ

食べものを選ぶにあたり、常にふたつの視点で選ぶことが大事だと考えています。第1は、もちろん、おいしくて安全なことです。振り返ると、あらためて私たちをとりまく食のリスクに驚かされます。これに添加物や加工プロセス、産地偽装の問題なども加わるのです。また、現在主流の「F1」にもさまざまな方法があり、よさもありますが、近年問題になってきているのが、「雄性不稔」という方法です。雄の精子を生まない状態を活用した種作りですが、それを食べ続けると人間にどのような影響がもたらされるのかは明らかになっていません。しかし、種の表示義務はありません。

私たちは、さまざまなリスクの前に無防備に食を選び続けています。そして年々不調や成人病、痛みや痒み、精神不安とそれによる人間関係のトラブルが増えています。生産地、種の種類、農薬、化学肥料、有機肥料、加工プロセスの薬品、添加物、放射性物質などの正確な表示を求める一方、正しい食の知識を持つことがとても大切だと思います。汚染以前に、日本の気候では牛乳や肉、甲殻類や精製糖他の摂取はほとんどの場合負担になります。

第２に、生産者と作物に対して失礼でない、将来の食流通や環境問題にプラスになる選択をしたいということ。イメージで「オーガニック」や「有機」を最良とすることも、あるいはそれらは「高級嗜好品」と決めつけることもどちらも現実的でなく、心ある生産者を圧迫し、ひいては私たちがますます困ることになるでしょう。要するに食べものとは物ではなく命だということ、そこに商業性以上に、愛情や真摯さ、誠実さが大切だと思うのです。

私たちにできることは、表示された断片情報にこだわりすぎず、トータルで判断すること、そして作物を見て判断できる目を持つこと。そのためには、引き締まった美しいおいしい野菜や穀物たちに実際に触れること。誰もが選べるようになります。見ただけのちがい、そのキメの細かさなどにきっと驚くことでしょう。また、小規模農家から買うのもひとつの方法です。穀物や野菜を量産し続けようとなると、どうしても無理がかかります。大手ばかりでなく、小規模の農家から少しずつ分けてもらうようにすれば、ほとんどの人が元気な素材を得られるはずです。本当の「自然」は、自ら栽培することでしょうが、すべての人がそれをできない以上、自らの責任で「いいもの」を選んで、良心的な生産者を支持したいものです。料理技術とバリエーションもたいへん役に立ちます。いつでも何でも手に入る、という前提から「あるものでおいしく」料理する姿勢に変わる。そういう人が増えれば、生産者もいっそう、毎年同量の同種の野菜を納品し続けなければ取引を断られてしまう、という恐れが不要になり、もっと自然農法の探究にいそしめることでしょう。その結果、私たち消費者が買いやすく、おいしく暮らせる未来がさらにひらけると思うのです。

食べものを選ぶこと。それは、私たち個人と社会双方、そして地球環境への意思と価値観の表示なのです。

*1 「OGM : une étude-choc sur les rats évoque une mortalité "alarmante"」Le Point.fr
（http://www.lepoint.fr/science/mortalite-alarmante-pour-des-rats-nourris-avec-un-mais-ogm-19-09-2012-1507796_25.php）

「Shock findings in new GMO study: Rats fed lifetime of GM corn grow horrifying tumors, 70% of females die early」Mike Adams, the Health Ranger　Editor of NaturalNews.com
（http://www.naturalnews.com/037249_GMO_study_cancer_tumors_organ_damage.html）

*2 「遺伝子操作、消える痕跡　徳島大・広島大が作物で新技術」朝日新聞　2012年8月22日
（http://www.asahi.com/science/intro/TKY201208210638.html）

*3 「放射性物質放出量データの一部誤りについて」経済産業省原子力安全・保安院　平成23年10月20日　（http://www.meti.go.jp/press/2011/10/20111020001/20111020001.pdf）

*4 「ご存じですか？　食品中の放射性物質の新しい基準値は、子どもたちの安全に特に配慮して定められています」政府広報オンライン　平成24年4月掲載
（http://www.gov-online.go.jp/useful/article/201204/3.html）

参考文献

『自分と子どもを放射能から守るには（日本語版特別編集）』
ウラジミール・バベンコ、ベルラド放射能安全研究所著　辰巳雅子訳　今中哲二監修　世界文化社　2011年

『新装版　食卓にあがった放射能』
高木仁三郎、渡辺美紀子　七つ森書館　2011年

『プルトニウムの恐怖』
高木仁三郎　岩波新書　1981年

『この国は原発事故から何を学んだのか』
小出裕章　幻冬舎ルネッサンス　2012年

『内部被曝の真実』
児玉龍彦　幻冬舎　2011年

『原発の闇を暴く』
広瀬隆、明石昇二郎　集英社　2011年

『福島第一原発—真相と展望』
アーニー・ガンダーセン著　岡崎玲子訳　集英社　2012年

『野菜が壊れる』
新留勝行　集英社　2008年

『農薬のおはなし』
松中昭一　日本規格協会　2000年

『遺伝子組み換え食品との付き合いかた －GMOの普及と今後のありかたは？』
元木一郎　オーム社　2011年

『本当は危ない有機野菜』
松下一郎＋エコ農業のウソを告発する会　徳間書店　2009年

『葬られた「第二のマクガバン報告」』
T・コリン・キャンベル、トーマス・M・キャンベル著　松田 麻美子訳　グスコー出版　2009年

『図解　原発のウソ』小出裕章　扶桑社　2012年

『あぶない野菜』大野和興、西沢江美子　株式会社めこん　2001年

『福島　原発と人びと』広河隆一　岩波新書　2012年

『地球環境データブック2011-12』
ワールドウォッチ研究所著　松下和夫監訳　ワールドウォッチジャパン　2012年

『ハチはなぜ大量死したのか』ローワン・ジェイコブセン著　中里京子訳　文藝春秋　2009年

本書で紹介した食材と道具の販売リスト (50音順・法人格名は省略しています)

商品価格は、販売店や材料の価格、または物価により変動することがあります。
また、改廃、材料の産地が変更される場合もあります(税抜価格・2012年10月編集部調べ)。

あ

アサクラ

福島県会津若松市西栄町5-19

☎ 0242-26-3712

http://www.orcio.jp/

P49　オルチョ・サンニータ(750mℓ)／3520円

P87　サラゴッラ小麦のフジッリ(240g)／600円

合名会社アリモト

兵庫県加西市常吉町字東畑647-9

☎ 0790-47-2220

http://ippuku.com/

P141　召しませ日本　玄米ぽん煎餅／252円

アルファミック株式会社

東京都江東区門前仲町1丁目6番12号

門前仲町MAビル6F

☎ 03-3642-1121

http://www.alphamic.co.jp/

P183　オーブンペーパー／310円

伊藤農園

☎ 0172-87-2290

P69　りんごのしずく(1000mℓ)／630円(参考価格)

ウイングエース株式会社

東京都港区虎ノ門3丁目18-19

虎ノ門マリンビル5F

☎ 03-5404-7533

http://www.wingace.jp/j/

P59　キューネ　ザワークラウト／500円

海の精株式会社

東京都新宿区西新宿7-22-9

☎ 03-3227-5601

http://www.uminosei.com/

P45　海の精　紅玉梅酢(200mℓ)／320円

P57　海の精　天日干したくあん　1個詰／405円

海の精　しば漬(150g)／460円

AFC正直村

静岡県静岡市駿河区豊田2-4-3

☎ 054-280-6239

http://shojikimura.com/

P97　生粟麩／360円

生草麩／370円

ヱスケー石鹸株式会社

東京都北区東十条1丁目19番10号

☎ 0120-641-412

http://www.sksoap.co.jp/products/index.html

P183　うるおいシリーズ　台所用せっけん(290mℓ)／300円

江別製粉株式会社

北海道江別市緑町東3丁目91番地

☎ 0120-41-5757
http://haruyutaka.com/
P147　薄力粉（1kg）／オープン価格

株式会社エルサンク・ジャポン
東京都杉並区桃井1-4-4
☎ 03-5382-7500
P149　organic Fruits muesli ／619円

有限会社エンゼル食品
埼玉県比企郡川島町上大屋敷90-4
☎ 049-297-7386
P73　タンポポ100（90g）／1100円

有限会社王隠堂農園PO（おういんどう）
奈良県五條市野原中4丁目5-27
☎ 0747-25-0135
P125　割干大根（70g）／400円

有限会社大口食養村
鹿児島県伊佐市大口宮人1726-10
☎ 09-9528-2708
P63　こだわりてっか味噌（65g）／1200円

株式会社大村屋
大阪市東住吉区山坂3-10-11
☎ 06-6622-0230
http://www.ohmuraya.net/
P135　絹こし胡麻　黒・白（ともに300g）／各880円

おぐら製粉所
秋田県大館市比内町扇田字倉下5-1
☎ 0186-55-3090
http://www.oguraseifunsho.jp/
P147　国産特選　そば粉細引き（300g）／450円

オーサワジャパン株式会社
東京都渋谷区代々木1-58-1
☎ 03-6701-5900
http://www.ohsawa-japan.co.jp/
P33　茜醤油（720mℓ）／550円
P41　有機立科麦みそ（750g）／720円
　国内産立科豆みそ（750g）／980円
P55　オーサワの小田原三年梅干（300g）／1000円
P57　べったら漬（150g）／460円
P67　オーサワのヘルシーカレー　甘口（210g）／330円
P83　オーサワの有機活性発芽玄米餅（300g・6個入）／500円
P85　手づくりうどん（250g）／271円
P97　車麩（12枚）／400円
P101　オーサワの大豆ミート　から揚げ風（90g）／390円
　オーサワの大豆ミート　バラ肉風（90g）／390円
　オーサワの大豆ミート　ひき肉風（130g）／420円
P107　長ひじき（30g）／390円
　刻あらめ（28g）／264円
P119　玄米甘酒（250g）／320円
P129　国産吉野本葛（150g）／680円
P141　厚焼せんべい（9枚）／410円
P147　玄米粉（300g）／520円

株式会社オルター
大阪府富田林市西板持町2-3-5
☎ 0120-0610-76
http://alter.gr.jp/
P137　alter みかんキャンディー・あずきキャンディー（65mℓ）／各600円（6本入り）

か

加藤農園株式会社
東京都練馬区西大泉2-14-4
☎ 03-3925-8731
http://www.hatuga.com/
P65　大根まんじゅう／369円
　ベジ・かれーまんじゅう／369円

P83　活性発芽玄米餅（400g・8切れ）／570円
　　　発芽玄米なまこ餅（青のり・500g）／800円

有限会社金子製麺
神奈川県足柄上郡中井町田中994
☎0465-81-0425
https://www.kanekoseimen.co.jp/web/
P85　季穂　全粒粉ひやむぎ（250g）／203円
　　　季穂　生うどん　太麺（130g×2）／237円
P127　季穂　地粉餃子の皮（10cm径20枚）／221円
　　　季穂　全粒粉餃子の皮（10cm径20枚）／252円
　　　季穂　地粉春巻の皮
　　　中心粉使用（18cm角10枚）／312円

有限会社鹿北製油
鹿児島県姶良郡湧水町米永3122-1
☎0995-74-1755
http://www.kahokuseiyu.co.jp/
P49　国産ごま油（160g）／2000円
P133　国産すりごま　黒（35g）
　　　国産釜いりごま　金（40g）
　　　国産洗いえごま（50g）
　　　国産洗いごま　金・黒・白（ともに50g）／各350円

株式会社亀の子束子西尾商店
東京都北区滝野川6-14-8
☎03-3916-3231
http://www.kamenoko-tawashi.co.jp/
P183　亀の子束子棕梠／320円

有限会社加用物産
高知県四万十市井沢754番地
☎0880-35-2380
http://www.400104.com/
P63　青のり（16g）／250円

株式会社川口納豆
宮城県栗原市一迫嶋体小原10
☎0228-54-2536
http://www.kawaguchi-natto.co.jp/
P61　宮城県産ひきわり三つ折納豆（90g）／177円
　　　国産中粒三つ折納豆（90g）／141円

有限会社カンホアの塩
東京都福生市武蔵野台1-19-7
☎042-553-7655
http://www.shio-ya.com/
P29　カンホアの塩（500g）／540円

北原産業株式会社
長野県茅野市宮川4000番地
☎0120-12-1001
http://www.kantenhonpo.co.jp/
P129　小さな粉寒天（4g×5袋）／267円

株式会社クオカプランニング
東京都目黒区緑が丘2-25-7
「スイーツフォレスト」1F（自由が丘本店）
☎0120-863-639
http://www.cuoca.com/
P157　オーガニックバニラビーンズ（2本）／568円

久保田食品株式会社
高知県南国市岡豊町笠ノ川1045
☎0120-007162
http://www.kubotaice.co.jp/
P137　南国土佐のすももアイスキャンデー（90mℓ）／150円
　　　あずきアイスキャンデー（90mℓ）／100円

クラシエフーズ株式会社
東京都港区海岸3丁目20番20号

☎ 0120-202903

http://www.kracie.co.jp/

P137　豆乳アイス Soy　抹茶・いちご（110mℓ）／120円（参考価格）

株式会社ケータック・プランナーズ

東京都中央区日本橋茅場町 1-11-2

フジビル 16　5階

☎ 03-3808-1286

http://www.ktac.co.jp/

P49　グレープシードオイル（460g）／ 1000円

健康綜合開発株式会社

東京都新宿区新宿 5-4-1

新宿 Q フラットビル 301

☎ 03-3354-3948

http://www.kenkosogo.jp/

P177　マスタークック　3合炊深鍋／ 5800円

こだま食品株式会社

広島県福山市駅家町法成寺 1575-9

☎ 0800-100-0831

http://www.kodama-foods.co.jp/

P125　有機割干し大根／ 240円

さ

桜井食品株式会社

岐阜県美濃加茂市加茂野町鷹之巣 343番地

☎ 0120-668-637

http://www.sakuraifoods.com/

P65　ベジタリアンのためのラーメン しょうゆ味・みそ味（100g）／各 134円

三育フーズ株式会社

千葉県袖ヶ浦市長浦拓 1-1-65

☎ 0438-62-2921

http://san-ikufood.com/

P135　黒ゴマペースト・白ゴマペースト（ともに 150g）／各 485円

自然食糧品店ぐるっぺ

東京都武蔵野市吉祥寺東町 1-25-24（吉祥寺店）

☎ 0422-20-8839

http://www.gruppe-inc.com/

P109　釧路産昆布／ 1200円

P111　お徳用のり／ 550円

ジャパンフリトレー株式会社

茨城県古河市北利根 14番地 2

☎ 0120-95-3306

http://www.fritolay.co.jp/

P141　ドリトス　塩味（160g）／ 300円

株式会社寿草 JS

鹿児島県鹿児島市城西 2丁目 8番 12号

☎ 0120-52-6410

http://www.kenko-juso.com/

P101　大豆からあげ（80g）／ 350円

株式会社角谷文治郎商店

愛知県碧南市西浜町 6-3

☎ 0566-41-0748

http://www.mikawamirin.com/

P115　有機　三州味醂（500mℓ）／ 960円

株式会社創健社

横浜市神奈川区片倉 2-37-11

☎ 0120-101-702

http://www.sokensha.co.jp/

P63　しそもみじ（50g）／220円

P67　お米と大豆のコーンシチュールウ（135g）／400円

P87　ジーノ・ジロロモーニ　デュラム小麦
有機スパゲッティーニ（500g）／430円
ジーノ・ジロロモーニ　全粒粉デュラム小麦
有機スパゲッティ（500g）／430円

P147　国内産 薄力完粒粉（500g）／360円

P155　カリフォルニア プルーン（150g）／200円

た

有限会社大豆屋

神奈川県茅ヶ崎市出口町12-3

☎0467-85-5316

P91　木綿豆腐・絹豆腐（各330g）／各245円

高田食品株式会社

静岡県裾野市伊豆島田296-4

☎055-992-3383

http://office-takada.main.jp/

P123　板こんにゃく（450g）・糸こんにゃく（450g）／各350円

朝光テープ有限会社

愛知県豊橋市瓦町113

FAX0532-41-8265

メールterukatu@sala.or.jp

http://www.biwakofukin.com/

P183　びわこふきん／400円

ツヴィリング J.A. ヘンケルス ジャパン株式会社

岐阜県関市肥田瀬4064番地

☎0120-75-7155

http://www.zwilling.jp/

P173　MIYABI　ヒノキカッティングボード350×200×30mm／7350円

P177　staub　ピコ・ココット18cm
グレナディンレッド／21000円

有限会社ツルシマ

山口県防府市南松崎町5-4

☎0120-195-451

http://www.tsurushima.net/

P143　ツルシマ　香蓮飴（100g）／360円

テングナチュラルフーズ／アリサン有限会社

埼玉県日高市高麗本郷185-2

☎042-982-4811

メールtengu@alishan.jp

http://store.alishan.jp/

P73　穀物コーヒーINKA（150g）／855円

P149　アリサンC24 アップル・レーズン・クルミグラノラ（350g）／780円

P153　ピーナッツバター・クランチ（454g）／943円

P157　キャロブチップス（100g）／270円
シナモンパウダー（20g）／320円

P163　ラムフォード　ベーキングパウダー（114g）／250円

東京共同貿易株式会社

東京都台東区台東4丁目26番4号

☎03-3835-8106（輸入部）

http://tmtc.co.jp/

P183　Natural Value　ワックスペーパー75／800円

東京タカラフーズ株式会社

東京都千代田区鍛冶町1-9-19

☎03-3256-6913

http://www.tskk.co.jp/

P141　ポコロコ　トルティーヤチップス（ナチュラル）／200円

株式会社登喜和食品

東京都府中市西原町1丁目10番地の1

☎ 042-361-3171

http://www.tokiwa-syokuhin.co.jp/

P95　生てんぺ（100g）／270円

株式会社都平昆布海藻

埼玉県さいたま市桜区道場2-13-32

☎ 048-854-6110

http://www.tohira.com/

P109　肉厚15倍に増える　カットわかめ（200g）／800円

な

株式会社ながいき村

東京都練馬区石神井町8丁目18-13

第二若葉コーポ

☎ 03-3924-5045

P125　天日干し切干し大根／203円

切干し大根／230円

日仏貿易株式会社

東京都千代田区霞が関3-6-7

霞が関プレイス

☎ 03-5510-2662

http://www.nbkk.co.jp/

P65　アルチェネロ有機パスタソース・

トスカーナ風（350g）／480円

ニュースタートベーカリー

群馬県前橋市柏倉町4192（赤城山学園）

☎ 027-283-6315

http://bakery.akagaku.net/

P139　レーズンパイ（5枚入り）／300円

有限会社ネオファーム

神奈川県厚木市山際787-6

☎ 046-245-9625

http://www.neofarm.co.jp/

P63　ローストパンプキンシード（70g）／314円

P151　アーモンドロースト（60g）／380円

むきくるみ　生（70g）／360円

P153　アーモンドプードル（50g）／333円

P155　レーズン（200g）／350円

有限会社能登製塩

石川県金沢市寺町1-6-54

☎ 076-280-3322

http://www.slowfood.co.jp/

P29　奥能登海水塩（200g）／700円

P63　炒りぬかふりかけ（30g）／400円

久司道夫のわかめふりかけ（50g）／570円

P67　炊き込みごはん豆ごはん（70g）／570円

P115　塩こしょう　黒（100g）／460円

P143　米塩あめ（75g）／345円

株式会社NOVA

埼玉県北本市中丸3-3

☎ 048-592-6491

http://www.nova-organic.co.jp/

P155　干しあんず（100g）／500円

は

羽沢耕悦商店

岩手県八幡平市清水140-6

☎ 0195-72-2353

P97　南部手焼板麸（5枚）／380円

服部製紙株式会社

愛媛県四国中央市金生町山田井171番地1

☎ 0120-089614

http://www.hattoripaper.co.jp/

P183　エプコ　キッチンペーパー／250円

パンタレ

福岡県糸島郡志摩町大字野北1069番地

☎ 092-327-2630

P111　塩蔵天然もずく沖縄八重山特産（200g）
／300円（参考価格）

パンドラファーム

奈良県五條市野原中4丁目5番27号

☎ 0747-26-2288

P59　梅酢だけで漬けた紅しょうが（きざみ・60g）
／270円

P&G

神戸市東灘区向洋町中1丁目17番地

☎ 0120-136343（ブラウンお客様相談室）

http://www.braun.com/jp/home.html

P181　ブラウン　マルチクイックプロフェッショナル
MR5555MCA／11800円（税込）

株式会社PTハーブス

東京都世田谷区深沢1-11-11

☎ 03-5760-6802

メールinfo@ptherbs.com

http://www.ptherbs.com/

P73　Garden of the Andes
レモンバームティー（LemonBalm）／540円
ローズヒップティー（Rosehip）／570円

光食品株式会社

徳島県板野郡上板町高瀬127番3号

☎ 088-637-6123

http://www.hikarishokuhin.co.jp/

P117　職人の夢 こんなソースが造りたかった
有機中濃ソース（200mℓ）／500円
有機ぽん酢しょうゆ（250mℓ）／410円

P143　オーガニック　アップルサイダー＋レモン（250mℓ）
／130円

株式会社風水プロジェクト

東京都世田谷区代沢4-44-2　下北沢ビル

http://www.fu-suipj.net/

P129　角寒天（2本入り）／270円（参考価格）

笛木醤油株式会社

埼玉県川越市幸町10-5

☎ 049-225-6701

http://www.kawagoe.com/kinbue/

P33　金笛丸大豆醤油（1ℓ）／840円

藤寅工業株式会社

新潟県燕市物流センター1丁目13番地

☎ 0256-63-7151

http://tojiro.net/

P173　Tojiro-Pro DP
コバルト合金鋼割込三徳 170mm／7500円

有限会社プランニング・エメ

長野県長野市高田671-1

☎ 026-229-5500

P95　おいしいテンペ（100g）／200円

フルーツバスケット

静岡県田方郡函南町丹那349-1

☎ 055-974-2236

http://www.fruitbasket.co.jp/

P69　手むき温州みかんジュース（720mℓ）／860円

株式会社プレス・オールタナティブ地球食

東京都目黒区三田 2-7-10-102

☎ 03-3791-2147

http://www.p-alt.co.jp/asante/

P143　ビターチョコレート／460円

株式会社保谷納豆

東京都東村山市青葉町 2-39-9

☎ 042-394-6600

http://www.hoya-nattou.co.jp/

P61　国産炭火カップ3／186円

ま

有限会社豆庵

埼玉県児玉郡神川町下阿久原 955

(株式会社ヤマキ)

☎ 02-7452-7000

http://www.yamaki-co.com/

P163　おから姫 (200g) ／340円

マルカイコーポレーション(株)

大阪市西区京町堀 1丁目 18番 5号

☎ 0120-103-712

http://www.marukai.co.jp/

P69　順造選　すりおろしりんご汁(200mℓ)／200円

マルクラ食品有限会社

岡山県倉敷市加須山 273-3

☎ 086-429-1551

P41　マルクラ　白みそ(250g)／250円

P119　有機玄米使用　玄米あま酒(250g)／280円

丸五産業株式会社

静岡県富士市今泉 477-1

☎ 0545-51-0971

http://www.wbs.ne.jp/bt/marugo/

P183　コスロン専用ろ過紙(8個入)／380円

マルサンアイ株式会社

愛知県岡崎市仁木町字荒下 1番地

☎ 0120-92-2503 (お客様相談室)

http://www.marusanai.co.jp/

P91　有機豆乳　無調整(1000mℓ)／290円

丸成商事株式会社

東京都練馬区豊玉北 1-5-3

☎ 03-3994-5111

http://www.maruseishoji.com/

P123　緑豆春雨(100g)／200円

P151　あまぐり・お徳用割れ栗(100g)／200円

丸中醤油株式会社

滋賀県愛知郡愛荘町東出 229

☎ 0749-37-2719

http://www.s-marunaka.com/

P33　丸中醸造醤油(720mℓ)／1200円

株式会社丸又商店

愛知県知多郡武豊町里中 152

☎ 0569-73-0006

http://www.marumata.com/

P37　オーガニックたまり(360mℓ)／640円

株式会社マンナネ

福井県福井市佐野町 21-16-1

☎ 0776-83-0240

http://mannaneworld.com/

P107　貊　ひじき(25g)／500円(税込)

P109　貊　昆布(100g)／1800円(税込)

MIE PROJECT株式会社

東京都渋谷区松涛 1-3-8

☎ 03-5465-2121

http://www.mieproject.com/ja/

P139 ムラン デュ ピベール
オーガニック レーズン ビスケット(200g)
／700円

三尾農園

和歌山県日高郡みなべ町東岩代 228

☎ 0739-72-3174

メール mio-noen@amber.plala.or.jp

http://www13.plala.or.jp/mio-noen/

P55 お徳用自然梅(200g)／650円(参考価格)
500g／1505円

株式会社ミトク

東京都港区芝 5-29-14 田町日工ビル

☎ 0120-744-441 (通販事業部)

www.mitoku.co.jp

P115 Evernat エバーナットオーガニック
粒マスタード(200g)／550円

P145 メープルシロップ(330g)／1200円

P165 アビィ・サンフェルム ジャム
オレンジ・ストロベリー(220g)／各 520円

南かやべ漁業協同組合

北海道函館市臼尻町 154番地 2

☎ 0120-25-8775

http://www.konbunosato.com/

P111 真昆布入り がごめとろろ昆布(50g)／490円

株式会社向井珍味堂

大阪市平野区加美西 1丁目 12番 18号

☎ 06-6791-7341

http://mukai-utc.co.jp/

P115 手づくり香辛料シリーズ
粉わさび・洋からし(20g)／各 250円

ムソー株式会社

大阪市中央区大手通 2丁目 2番 7号

☎ 06-6945-5800

http://www.muso.co.jp/

P59 有機・きざみたかな漬(180g)／250円

P71 有機・麦茶(300g)／400円
無双番茶 徳用(450g)／900円

P95 有機大豆使用
にがり高野豆腐(6枚入・103g)／570円

P145 北海道産・てんさい含蜜糖(500g)／380円

P157 オーガニックブラックココア(120g)／590円

株式会社むそう商事

大阪市北区西天満 3丁目 7番 22号

☎ 06-6316-6015

http://www.muso-intl.co.jp

P87 オーガニックパスタ フジッリ(500g)／420円

P139 オーガニックイタリアンタルト
ブルーベリー・アプリコット／各 720円(4個入り)

村山造酢株式会社

京都市東山区三条通大橋東入 3町目 2

☎ 075-761-3151

P45 千鳥酢(360mℓ)／420円

有限会社メルカ・ウーノ

東京都八王子市大和田町 6丁目 14-7
藤森ビル 202

☎ 042-673-7405

P151 千葉 落花生(180g)／570円

もぎ豆腐店株式会社

埼玉県本庄市寿 3-2-21

☎ 0495-22-2331

http://www.minosuke.co.jp/

P93　三之助　たまねぎがんも(1枚入り)／240円
三之助　油あげ(2枚入り)／220円
三之助揚げ(2個入り)／380円

や

有限会社柳屋

新潟県村上市岩船横新町 2-6

☎ 0254-56-7127

P97　おつゆ麩／220円(税込)

株式会社ヤマヒサ

香川県小豆郡小豆島町安田甲 243

☎ 0879-82-0442

http://www.yama-hisa.co.jp/

P37　杉樽仕込頑固なこだわりしょうゆ　うす口(720mℓ)／1000円

有限会社湯布院散歩道

大分県由布市湯布院町川北 948-11

☎ 0977-85-4859

http://www.kazeyoubi.jp/index.html

P165　食工房風曜日　いちごジャム(140g)／500円・ブルーベリージャム(140g)／700円

米澤製油株式会社

埼玉県熊谷市上之 2793

☎ 048-526-1211

メール yone-oili@sea.plala.or.jp

http://www.yonezawaoil.com/

P49　圧搾一番しぼり／なたねサラダ油(600g 丸缶)／619円

ら

ラパン・ノワール

埼玉県秩父市野坂町 1-18-12

☎ 0494-25-7373

http://www.lapin-noir.co.jp/

P139　オートミールクッキー(3個)／365円

ル・クルーゼ ジャポン株式会社

東京都港区麻布台 2丁目 2番 9号

☎ 03-3585-0198

http://www.lecreuset.co.jp/

P179　ル・クルーゼ　ソースパン 16cm　オレンジ／17143円

株式会社六星

石川県白山市橋爪町 104

☎ 0120-076-276

http://www.rokusei.net/

P83　斗棒餅ミックス(5枚入)／380円

わ

株式会社わらべ村

岐阜県美濃加茂市加茂野町鷹之巣 342

☎ 0574-54-1355

http://warabemura.net/

P71　有機三年番茶(85g)／260円
P145　こめ水飴(600g)／900円

株式会社ワンダーシェフ

大阪府豊中市二葉町 1-19-19

☎ 06-6334-4349

http://www.wonderchef.jp/

P169　ワンダーシェフ　レギュラー 6L／20000円

おわりに

本書の執筆は、８年前に刊行した『マクロビオティックのお買いもの』以上に、読者が気楽に食材を買い替えられ、その結果、ご自身の変化を体感できるような本ができないかと願って書きはじめました。ところが、執筆を進めるにつれ、筆者の私は頭を抱えてしまいます。たとえばみなさんなら、今、「西日本産で農薬と肥料をふんだんに使われ、遺伝子組み換え種の疑いがある野菜」と、「高度の放射能汚染が懸念される地域で在来種で、無農薬、無肥料の立派な野菜」があったら、どちらを選びますか？

私個人の選択なら、その責任は自分に返るだけです。しかし、読者が選ぶことへの責任となると、たいへん難しい問題でした。同時に私は消費者の安心だけでなく、心ある生産者の存続発展も願っています。被災地の方々、とくに子どもたちの幸福ももちろんです。それが社会全体、ひいては私自身の幸せにつながるからです。けれど、感情的な「食べて応援」に共感はできない性格です。

結局、私にできることは、あくまで情報を提供することでした。選択はやはりひとりひとりの責任ですし、すべては時間とともに変わります。いつどこでどんな事件や事故が、また、科学発見が行われ、農や食の世界に取り込まれるかわかりません。変化しない「絶対」などないのです。

一方、調査や執筆を続けながら、ジレンマにも陥りました。〈○○の○という商品の材料は○○産で、放射能検査は○○ Bq 以下でやっているから、安心〉〈○○は、遺伝子組み換えの油が入っている〉、そんなことばかり書いていると、料理や食の喜びや楽しさがどんどんなくなってしまうのです。

料理は、とても楽しいもの。もちろん、面倒くさいときや、疲れていてどうしていいかわからない日もあります。けれど、元気な野菜をスパンと切る音や、クツクツ煮る音や漂ってくるおいしい匂い……、「醤油にしようと思ってたけどやっぱり白味噌にしちゃおうかな？」私たち大人がのびのびと、肩の荷を下ろして創作を楽しめる、それが自宅の台所だと思うのです。そして「なになに？　いい匂い～」とパートナーや家族たちが覗きこんでくる。ひとり暮らしの方も友人を呼びたくなったり、自分のお腹がぐーっともうひと役？

いい素材で作るたび、生産者のドラマと信念が伝わってきます。おろそかにできなくなる。どんな都会に暮らしていても、「今年はとうもろこしが少なかったなー」とか、「今年の人参は小さいな～暖冬かな？」とか、季節の変化や「今」を感じられるものだと思うのです。誰もが自然の中に暮らすことはできなくても、自然と繋がれる。そして、そういう法則がいっぱいにつまったマクロビオティックは、きちんと整理すれば、誰もをおいしく「元気」な自分＝「元の自分自身」にいざなってくれます。

ですから、情報といっても、机上の、実感の伴いづらい情報――カルシウムが○ mg 入っている、放射性物質は○ Bq――でなく、「本当においしい！」「肌が変わってきた」といった実感を伴える情報が詰まっているところが、本書の特徴かと思います。そして、そういう食生活を続けていると、自分自身の舌や目といった感覚それ自体で、情報抜きで選ぶ力が身についていきます。それは、これからの時代、何よりも自分の身を守ってくれるのではないでしょうか。

今、私たちは、「自然・天然」と「文明・人間の都合」をどう織り交ぜていくのか、そのぎりぎりの岐路に立っているように思います。増え続ける医療費や介護費の負担は暮らしを圧迫し、また自身と家族の心身の不調に苦しんでいます。環境破壊、凄惨な動物実験や戦争、殺戮、人身売買は今この瞬間も行われ、子どもたちが苦しんでいます。福島や東北、関東から避難した方、続かず戻った方、家族が分断された方、避難後亡くなった方。問題が大きくなり過ぎた今こそ、「食」というひとりひとりの小さな選択、命のリレーを少しずつ変えることが未来を決めると思うのです。食べものは、物でなく、命なのですから。

最後に、この本を手にとってくださったあなた様に、制作スタッフのみなさんに御礼申し上げます。本という不思議なご縁でつながった私たちがそれぞれによりよい社会に小さな変化の第一歩を踏み出せますように。

調理アシスタント
石野はるか　磯 ふみ
井上律子　岡本敏子
露木千佳　土屋由紀子

写真
小宮山 桂

料理スタイリング
河野亜紀

ブックデザイン
渡部浩美

DTP
酒徳葉子

編集
秋山絵美

奥津 典子（おくつ・のりこ）

1974年長崎県生まれ。久司道夫氏に師事。日米でマクロビオティックを学び、自身や家族の不調を食事で治す。2003年より、東京・吉祥寺に夫と「オーガニックベース」を立ち上げる。同主任講師。明確な理論と料理の一方、生活者としての視線をまじえて説くクラスは、開業以来、常に抽選の人気。講師育成のためのクラスや雑誌連載、福島の子どもたちの支援など幅広く活動している。著書に『マクロビオティックと暮らす』（ビジネス社）、『朝昼夜のマクロビオティックレシピ』（河出書房新社）、『マクロビオティックのお買いもの』（技術評論社）、『マクロビオティックの子どもごはん』（ソフトバンククリエイティブ）などがある。

ORGANIC BASEホームページ
www.organic-base.com/

COMODO
LIFE BOOK

マクロビオティック　おいしく元気《げんき》になるお買《か》いもの

きょうからはじめられる厳選食材《げんせんしょくざい》と道具《どうぐ》ガイド&レシピ

2012年12月25日　初版　第1刷発行

著者　奥津典子《おくつのりこ》
発行者　片岡 巌
発行所　株式会社技術評論社
東京都新宿区市谷左内町21-13
電話　03-3513-6150（販売促進部）
03-3267-2272（書籍編集部）
印刷／製本　株式会社加藤文明社

ISBN978-4-7741-5427-5 C0077
Printed in Japan